마을만들기 길라잡이

기본편

살기 좋은 농촌
마을만들기
길라잡이

충남연구원 충남마을만들기지원센터 **엮음**

마을조직

마을재산

마을규약

마을회의와 기록

 그물코

마을만들기 길라잡이 기본편

'더 행복한 충남,
포용적 행복충남 마을만들기'의 꿈을 향하여

윤황 충남연구원장

충청남도 양승조 지사의 민선7기 도정 비전은 '더 행복한 충남, 대한민국의 중심'에 두고 있습니다. 이는 '더 행복한 충남'의 구현을 위해 저출산, 고령화, 사회 양극화의 3대 위기 문제 해결에 집중하고, 복지와 경제의 선순환에 의한 대한민국 선도 모델을 구축해 충남도가 '대한민국의 중심'으로 앞서 나가자는 것입니다.

'더 행복한 충남, 대한민국의 중심'의 비전에 기초해 '따듯하고 안전한 공동체, 풍요롭고 쾌적한 삶, 활력이 넘치는 경제, 고르게 발전하는 터전, 도민이 주인 되는 지방정부'라는 도정 5대 목표가 제시되었습니다. 이 중에 특히 우선적으로 '따듯하고 안전한 공동체'에 관한 주요 전략은 미래세대 투자를 통한 저출산 극복과 건강하고 품위 있는 노후 생활, 사각지대 없는 촘촘한 복지 안전망, 도민의 생명과 재산 보호, 누구도 소외되지 않는 사회공동체 등에 두고 있습니다. 이 전략에는 생산적이고 바람직한 지역공동체 정신을 살려 누구도 소외받지 않고 행복한 충남을 만들자는 것, 즉 '더 행복한 충남'을 꿈꾸는 '포용적 행복충남마을'을 만들자는 함의가 있습니다.

'더 행복한 충남을 꿈꾸는 포용적 행복충남 마을만들기', 이는 바로 충남연구원 마을만들기지원센터가 추구해 온 꿈과도 상통합니다. 이 꿈이 한 올씩 엮어져 충남도민의 알찬 희망으로 넘쳐나게 만드는 생각과 지혜가 담긴 교과서가 바로 《마을독본》입니다. 충남연구원 마을만들기지원센터에서 계간으로 만드는《마을독본》은 전국 중간지원조직 가운데 유일하게 발간되는 잡지입니다.

우리 연구원의 《마을독본》발간 배경은 자치분권시대, 저출산 · 고령화 · 양극화 위기 시대에 발맞춰 "지역이 살아야 국가가 살고, 농촌이 건강해야 도시공동체도 건강하다!"는 신념에 충실해 지역과 농촌의 마을만들기 활동을 담고자 하는 데에 있습니다.

특히 이번에 단행본으로 출간한 『마을만들기 길라잡이-기본편』은 계간《마을독본》통권 제1호부터 제4호의 특집 주제로서 다룬 마을조직, 마을재산, 마을규약, 마을회의와 기록으로 구성되어 있습니다. 마을만들기의 가장 기본이 되는 내용을 담고 있다는 것이 특징입니다. 이 책에 실린 대부분의 글이 필자들의 생생한 실천 경험을 담고 현장 활동에 도움이 되는 내용이기에, 마을만들기의 경험론적 사례 가치로서도 큰 의미가 있을 것입니다.

이 책을 접하는 모든 독자들에게 '더 행복한 충남, 포용적 행복충남 마을만들기'를 향한 충남연구원의 꿈을 함께 실현해 나가자고 부탁드리고 싶습니다. 지금까지 그래왔듯이, 앞으로도 충남연구원 마을만들기지원센터에서는 더 행복한 충남을 향해 포용적 행복충남 마을만들기에 적극 선도적으로 전진해 나갈 것입니다. 충남연구원은 농촌을 비롯해 어촌과 산촌 등에서도 인간, 자연, 공간, 공동체가 서로 조화를 이루며 더불어 함께 온 세상이 포용하며 평화롭게 공생하는 마을

만들기, 즉 포용적 행복충남 마을만들기 연구를 향한 대장정을 결코 포기하지 않을 것입니다.

일찍이 공자는 『예기(禮記)』 「예운(禮運)」 편에서 '대동사회(大同社會)'를 이렇게 표현했습니다. "대도가 행해지던 시대에는 천하가 천하 사람들에 의해 공유되었다. 현명하고 능력 있는 사람을 선발해 천하를 맡겼고, 사람마다 말과 행동이 일치하고 서로 화목하고 평화로웠다. 모든 이들이 자신의 부모를 사랑할 뿐만 아니라 남의 부모도 사랑하며, 자신의 자식에게 자애로울뿐더러 남의 자식에게도 자애로웠다. 노인들은 모두 천수를 누리고 성인들은 자신의 재주와 능력을 발휘할 수 있었으며, 아이들은 모두 좋은 교육을 받을 수 있었고, 홀아비, 과부, 고아, 자녀가 없는 노인, 장애인 등도 모두 충분하게 공양을 받을 수 있었다. 남자들은 각기 자신의 직무를 다하고, 여자들은 각기 돌아갈 가정이 있었다. 물건은 아무 곳에나 두고 굳이 숨길 필요가 없었으며, 힘을 다해 일하면서도 자신만을 위해서 쓰지 않았다. 그렇기 때문에 음모를 꾸미거나 간계를 부리는 사람이 없었으며, 좀도둑이 없고 강도가 횡행하는 일이 없었다. 집집마다 문이 있었지만 닫아두지 않았다. 이러한 사회를 일러 '대동세상'이라고 한다."

양승조 충남지사의 '더 행복한 충남, 대한민국의 중심'을 향한 비전은 공자의 대동사회와 같은 사상적 혈맥으로 지금 충남의 포용적 행복충남 마을만들기로 이어지고 있습니다. 마을만들기의 기본과 기초를 다룬 이 책을 통해 '더 행복한 충남, 포용적 행복충남 마을만들기'의 꿈으로 한 걸음 나아가기를 바랍니다.

충남의 마을만들기와 이 책의 발간 배경

구자인 충남마을만들기지원센터장

'공부하는 마을'이 출발점입니다

살기 좋은 마을을 만들어 간다는 것. 이것은 무엇보다 마을에 살고 있는 주민들이 주인공이 되어야 합니다. 예부터 "하늘은 스스로 돕는 자를 돕는다."고 했습니다. 주민들이 마을 문제를 객관적으로 인식하고 주체적으로 해결하려는 마음과 자세가 중요합니다. 특히 자치와 분권 시대에는 주민들이 평생학습의 마을만들기 활동을 통해 주민주권과 마을민주주의를 실현해 나가야 합니다.

충남의 마을만들기는 "광역은 광역답게" 새로운 관점을 도입하고 혁신적 실험을 많이 시도해 왔습니다. 또 "물고기 잡는 법"을 강조하며 주민이 스스로 주인공이 되어 답을 찾아가는 학습운동을 강조해 왔습니다. 행정과 중간지원조직은 주민들의 이런 실천활동을 가까이에서 밀착하여 지원하고자 노력했습니다. 충남 마을만들기지원센터가 지금까지 총 14권 발간한 계간지 《마을독본》(2017년~2020

년)은 주민 리더와 활동가들의 학습용 길라잡이 역할을 해 왔습니다.

　『용비어천가』에 "뿌리 깊은 나무가 꽃 좋고 열매 많다"는 구절이 있듯이, 마을 만들기 활동도 기본과 기초에 충실해야 좋은 꽃과 열매를 볼 수 있습니다. 그래서 '공부하는 마을'이 출발점이고 농촌의 희망입니다. 이 책은《마을독본》통권 1호부터 4호까지의 특집 주제를 엮은 것이고, 월 1회 시군을 순회하면서 공동학습과 토론의 공론장으로 진행한 '마을만들기 대화마당'에서도 검토한 내용이기도 합니다.

정책 시스템 정비에서 '다시 마을로'

　　　　　　　　　　충남은 민선5기(2010.6~2014.6) 출범부터 3농혁신을 도정 제1과제로 농업과 농촌, 농민의 문제를 근본적으로 해결하기 위해 노력해 왔습니다. 농촌 마을은 "3농혁신의 출발점이자 종착점"이라는 관점에서 희망마을만들기사업을 시작했고, 주민 스스로 마을 단위의 발전계획을 수립할 수 있도록 지원했습니다.

　민선6기(2014.6~2018.6)에 들어와서는 기존의 정책을 반성하며 '주민 주도, 상향식' 마을만들기가 체계적으로 정착될 수 있도록 마을 밖의 "민관협치형 정책 시스템 구축"에 집중했습니다. 핵심 내용은 ① 행정의 지원체계 정비 ② 민간의 협력 네트워크 구축 및 법인화 ③ 중간지원조직의 통합형 설치와 운영 등이었습니다. 광역 자치단체의 '정책적 유도'를 통해 시군 자치단체 단위로 행정과 민간이 협력하는 '민관협치의 농촌마을정책 시스템'을 구축하는 것이 가장 중요한 급선무라고 판단한 것입니다. 이러한 제도 정비를 기반으로 읍면 단위의 주민자치회 전환과 행정리 마을 단위의 마을자치회 활동을 지원하는 방향으로 전략을 수정한 것이기도 합니다.

민선7기(2018.6~현재)에 들어와서는 기존의 농촌마을정책이 제도 정비에 집중하여 마을 주민들의 실생활에 와 닿지 않는다는 비판이 제기되었습니다. '주민 주도, 상향식' 마을만들기를 실현하기 위해서라도 마을 내부의 마을자치 시스템 정비가 더욱 필요하다는 주장이었습니다. 이에 민선6기까지 구축해 온 '민관협치의 정책 시스템' 구축 성과를 기반으로 하면서 '마을자치 시스템'을 강화하는 방향으로 한걸음 더 나아가기로 했습니다. 이렇게 충남은 하향식의 제도 정비와 상향식의 정책 제안, 이 두 가지 쌍방향 운동을 계속 반복하면서 선순환을 추구해 왔다고 할 수 있습니다.

농촌마을정책이 나아가야 할 미래

농촌마을정책은 앞으로 시군 단위의 민관협치 시스템 정비를 우선하면서 읍면 단위 주민자치회 전환과 강하게 연계하고, 행정리 단위 마을자치 시스템 구축을 촉진하는 방향으로 나아가야 할 것입니다. 한국 지방자치의 역사가 짧고, 기초자치단체의 규모가 지나치게 큰 현실을 고려할 때, 이러한 전략적 접근을 통해 농촌 사회의 구조적 문제가 근본적으로 해결될 수 있으리라 기대합니다.

이렇게 하향식의 제도 정비와 상향식의 정책 제안이 선순환하는 구조를 갖출 때 정책과 현장 사이의 괴리는 차근차근 극복될 수 있습니다. 봉건적 유산이 많이 남아 있는 행정리 내부 문제에 대해서는 ① 주민 스스로 해결할 일(마을자치)과 ② 마을과 마을이 협력하여 해결할 일(읍면 주민자치), ③ 제도 개선과 외부 지원을 통해 해결할 일(시군 민관협치)을 각각 구분하면서 서로 협력하는 관점으로 접근해야 합니다. 그래야 정책적으로도 주민자치운동 측면에서도 현명한 전략을 찾을 수 있습니다. 물론 종착점은 주민이 주인되는 마을자치라고 할 수 있습니다.

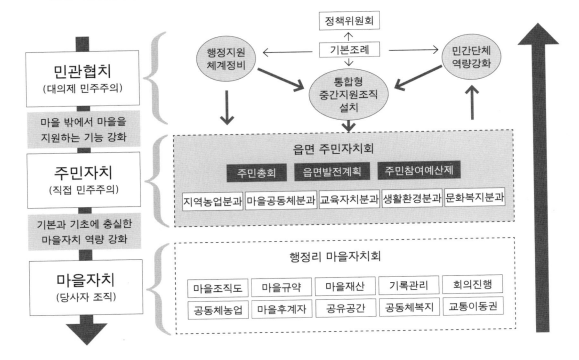

[충남 마을만들기의 민관협치와 주민자치 시스템 구축 전략]

정책위원회

민관협치 (대의제 민주주의)

행정지원 체계정비 ← 기본조례 → 민간단체 역량강화

통합형 중간지원조직 설치

마을 밖에서 마을을 지원하는 기능 강화

주민자치 (직접 민주주의)

읍면 주민자치회

주민총회 　 읍면발전계획 　 주민참여예산제

지역농업분과 | 마을공동체분과 | 교육자치분과 | 생활환경분과 | 문화복지분과

기본과 기초에 충실한 마을자치 역량 강화

마을자치 (당사자 조직)

행정리 마을자치회

마을조직도 | 마을규약 | 마을재산 | 기록관리 | 회의진행

공동체농업 | 마을후계자 | 공유공간 | 공동체복지 | 교통이동권

이 책이 비판적으로 널리 읽혀지기를 바랍니다

　　　　　　　　　　　　　　　　　　　　충남에서는 행정이 지원하는

'마을 사업' 자체보다 주민 스스로 마을을 자치적으로 관리할 수 있는 '기본과 기초'의 중요성을 항상 강조해 왔습니다. 이런 차원에서 《마을독본》통권 1호~4호의 특집 주제로 주민조직, 공동재산관리, 마을자치규약, 마을회의와 기록을 선정했고, 마을만들기 대화마당에서도 이 주제를 두고 쟁점토론을 계속 했던 것입니다. 시군에서도 마을만들기 중간지원조직이 주도하여 마을대학(마을학교)의 교육 주제로 삼아 진행하고, 마을 순회 농촌현장포럼에 적용하기도 하며, 자체 대화

마당의 주제로도 활용했습니다. 이 책은 이런 공동활동의 성과물이기도 합니다.

이 책을 단순히 읽는 것에 그친다면 출판하는 의미가 많이 퇴색될 수 있습니다. 여러분이 사는 마을을 이웃 주민들과 함께 변화시키는 실천활동으로 이어져야 지역사회의 희망을 발견할 수 있습니다. 이를 통해 마을자치의 지속가능한 시스템을 갖추고, 마을민주주의도 실현하며, 살기 좋은 마을로 발전할 수 있습니다.

이 책을 교재 삼아 여러분 사는 시군마다 학습동아리를 조직해 보기를 제안드립니다. 쟁점 토론을 거치면서 여러분 마을 실정에 맞는 마을자치 시스템을 갖추어 보기를 기대합니다. 마을규약에 대해서는 별도의 단행본도 구상중입니다. 마을규약이야말로 주민들 합의로 만든 마을만들기의 '꽃'이고, 마을 발전을 위한 출발점이자 디딤돌이며, 마을자치의 좋은 도구이기 때문입니다. 마을민주주의를 실현하기 위해서라도 이 책을 잘 활용하면 좋겠습니다.

다만 마을마다 상황이 많이 다르기에 이 책에서 주장하는 내용 중에는 쟁점이 될 부분도 많습니다. 일반 농촌과 어촌, 산촌이 다르고 도시 근교 농촌 마을의 상황은 또 다릅니다. 마을 주민도 많이 다양해졌기에 서 있는 입장에 따라 전혀 다른 관점이 드러날 수 있습니다. 그래서 이 책에서 제안하는 주장들을 그대로 받아들이기보다 공동학습과 토론의 재료로 삼기를 권합니다.

이 책에 귀한 글을 써 주신 필자 여러분, 대화마당의 발제와 토론에 함께 해 주신 센터 활동가 여러분, 무엇보다 마을 현장에서 항상 몸으로 고생하시는 마을리더 여러분, 그리고 주민들이 읽기 쉽도록 편집해 주신 그물코출판사 관계자들께 감사를 드립니다.

독자 여러분의 '비판적 책 읽기'를 통해 여러분 마을 실정에 맞게끔 적용해 보면서 우리나라 마을만들기 활동이 한 걸음 더 깊이 들어갈 수 있기를 기대합니다.

이 책을 지혜롭게 활용하는 방법

무엇보다 공부하는 마을만들기가 출발입니다

▷ 마을만들기의 길에 '정답'은 없습니다. 평생학습이 출발점입니다.

▷ 이 책에는 길을 찾아가는 방법이 있을 뿐 내용 자체는 모두 논쟁적입니다.

▷ 비판적으로 읽고 우리 마을에 맞도록 스스로 길을 찾아 보시길 바랍니다.

▷ 의문이나 의견이 있으면 필자에게 직접 연락하여 보시기 바랍니다(이메일 참고).

당장 필요하거나 읽고 싶은 부분부터 읽어 보세요

▷ 처음부터 읽을 필요 없습니다. 재미있을만한 곳을 찾아 먼저 읽으세요.

▷ 모두 연결되어 있으므로 읽고 싶은 부분부터 읽으시기 바랍니다.

▷ 내가 먼저 읽어 보고 주변에 내용을 알리고 함께 읽자고 제안해 보세요.

▷ 책꽂이에 두고 생각날 때마다 뽑아서 다시 확인해 보세요.

▷ 생각나는 대로 메모하셔서 책 사이에 끼워 두세요. 나중에 도움이 됩니다.

읽기만 하면 심심하니 마을에서 실제로 적용해 보세요

▷ 마을에서 함께 읽고 이야기 나눌 독서 모임을 이웃에게 제안해 보세요.

▷ 인원 수는 많지 않아도 됩니다. 두 사람으로 시작할 수도 있습니다.

▷ 마을회의가 있을 때 "함께 읽고 토론해 보자"고 조심스럽게 제안해 보세요.

▷ 이장님이나 위원장님, 노인회장님에게 먼저 제안하고 설득해 보세요.

▷ 혹시 행정사업이 들어올 예정이라면 무조건 이것부터 해보자고 하세요.

가까이에서 도움을 구할만한 기관 · 단체를 찾아 보세요

▷ 여러분 지자체의 마을만들기 중간지원조직을 통해 협조를 요청해 보세요.

▷ 살고 있는 읍면의 주민자치(위원)회를 통해 학습 모임을 제안해 보세요.

▷ 행정사업을 지원받고 있을 때는 컨설팅 회사를 적극 활용해 보세요.

▷ 행정 담당 부서를 찾아가 "우리 마을도 시도해보고 싶다"고 제안해 보세요.

공부하고 토론하고 실천한 경험을 함께 정리해 보세요

▷ 여러분의 소중한 경험이 널리 공유될 수 있도록 정리해 보시기 바랍니다.

▷ 글로 정리하여 《마을독본》에 다시 투고하면 많은 도움을 받을 수 있습니다.

▷ 글이 아니라도 사진이나 동영상으로 찍어서 공유해도 큰 도움이 됩니다.

▷ 널리 공유할수록 여러분 마을의 응원군이 늘어납니다. 자신감을 가지세요.

마을조직

"바쁜 사람 더 바쁘게 하면 일이 돌아가지 않는다."

이 말은 농촌 마을 활동을 하는 위원장이나 활동가, 주민들이 꼭 새겨야 할 말입니다. 마을에 일할 사람이 없다고, 또 누가 일을 잘한다고, 한두 명의 리더에게 역할을 몰아 주면 항상 탈이 생기죠. 리더가 지쳐 포기할 수도 있고, 비리가 생길 수도 있으며, 시기와 질투의 대상이 될 수도 있기 때문입니다.

우리는 '한 사람의 열 걸음'보다 '열 사람의 한 걸음'을 더 중시해야 합니다. 그러면서 더디 가더라도 대화와 토론을 통해 여러 사람이 짐을 나눠지는 마을을 만들어야 합니다. 이를 위해 마을 내부의 활동을 구체적으로 분류하고, 권한과 책임을 최대한 나누며, 여러 사람이 서로 협력할 수 있는 지혜를 모아야 합니다.

마을의 조직 체계를 이런저런 그림으로 그려 보고, 그 결과를 주민들과 공유하며, 모두가 합의해야 합니다. 그리고 실제로 실행해 보고, 마을총회에서 다시 점검하는, 이런 과정을 되풀이해야 마을 발전이 계속될 수 있습니다.

독자들의 마을에서도 마을조직도를 점검하고 수정해 보시기를, 행여 없다면 지금이라도 새로 만들어 보시기를 기대합니다.

마을조직도의 원칙과 쟁점

구자인 충남마을만들기지원센터장

마을조직도, 왜 필요한가?

우리가 사는 마을이 공동체로서 살만한 곳이 되기 위해서는 내부의 약속이 중요합니다. 어느 한 사람도 소외되지 않고, 모두가 역할을 가지며, 서로 지켜야 할 약속은 누구라도 알고 있어야 합니다. 하지만 근대화와 경제성장 과정에서 우리 농촌 마을은 인구가 급속하게 줄고 어르신 중심으로 바뀌었습니다. 관혼상제 같은 전통적인 공동활동도 마을에서 사라지고, 공동체 문화와 축제도 거의 사라져 형태만 일부 남아 있습니다. 이런 시대에 어떻게 마을공동체 활동을 다시 조직하고 살기 좋은 마을을 만들어 갈 수 있을까요?

마을 갈등이 나타나는 가장 큰 원인은 주민 사이에 권한과 역할이 분명하지 않다는 점이 큽니다. 또 새롭게 등장하는 여러 활동(주로 행정사업)을 한두 리더에게만 맡겨 두고 책임까지 추궁하니 갈등을 피해갈 수 없습니다. 주민 모두가 서로서로 역할을 잘 나누어야 마을 리더도 '지치지 않고 오래갈 수' 있습니다. 또 대화와 협력을 통해 소통이 잘 되어야 리더가 역할을 맡는 데 부담이 적을 것입니다.

앞으로 농촌 마을의 초고령화 현상은 더욱 심해질 것입니다. 조만간 대한민국 전체 국민이 줄어든다 하니, 농촌에 인구가 늘어나리라 기대할 수 없습니다. 마을 인구는 더 줄고, 고령화는 더욱 심각해질 것이 명확합니다. 앞장서는 한두 리더에게 과도한 역할을 계속 준다면 부담만 커지고 마을 일이 잘될 리 만무합니다. 근본적인 대책을 세워야 합니다.

출발점으로 마을조직도 그려 보는 작업을 제안합니다. 이미 만들어진 조직도가 있다면 다시 검토해 보고, 그림으로 그려진 것이 없다면 이번 기회에 만들어 보자는 것입니다. 마을마다 역사와 자연적, 농업적 특성이 다르고, 가구수 규모나 일할 리더 역량에도 차이가 있습니다. 그래서 똑같은 마을조직도가 있을 수 없음은 당연합니다. 그럼에도 원칙적으로 받아들일 공통분모가 있을 것이고, 어느 마을이나 깊이 있게 토론해야 할 쟁점도 있을 것입니다.

이 글에서는 필자가 일본에서 조사했던 한 마을 사례를 소개하면서, 한국 농촌 마을에서 조직도를 그려볼 때 꼭 생각해야 할 기본 원칙과 쟁점을 제안하고자 합니다. '안 된다', '어렵다'는 소리만 하지 말고, 문제점을 공유하는 사람들이 먼저 모여 의견을 나누어 보고 마을 전체로 조금씩 공감대를 확산해 보기 바랍니다. 누군가는 먼저 시작해야 하고, 이 글을 읽는 여러분이 그 누군가인 셈입니다.

이런 과정을 돕는 행정사업이나 소규모 공모사업도 적지 않습니다. 또 중간지원조직(지원센터)도 많이 있습니다. 마을만들기를 시작하는 초기 단계일수록, 특히 행정사업이 지원된다면 가장 먼저 이런 연습을 반복적으로 해야 합니다. 가장 기본적인 과정을 생략하면 나중에 역할 분담 문제로 갈등이 크게 나타날 수밖에 없습니다. 마을 리더 혼자서는 큰 사업을 결코 할 수 없습니다. 가까이에 뜻을 함께하는 주민이 여럿 있어야 하고, 이들과 역할 분담이 잘 되어야 행정사업도 시작해 볼 수 있습니다.

마을조직도, 일본 어느 농촌 마을의 조사 경험

필자는 일본 유학 시절에 오오사(大佐)지구라는 곳을 3년간 드나들며 열심히 조사한 적이 있습니다. 히로시마현 북쪽에 있는 전형적인 산촌마을이고, 3개의 구(區, 행정리)가 모인 활동 단위로 54세대, 184명으로 구성되어 있습니다. 우리나라로 보자면 법정리에 해당하고 권역사업 지구라 할 수도 있습니다. 고령화율(65세 이상 인구 비율)은 약 35%로 행정 관청 가까이에 있어 인근 마을에 비해 다소 낮은 편이었습니다(2001년 기준). 특별한 관광 자원도 유력한 지도자도 없는 평범한 마을이었지만, 주민 스스로 마을만들기 활동을 통해 많은 변화를 만들어 냈습니다. 이 마을의 활동 사례는 우리에게 시사하는 바가 아주 많은데, 특히 마을조직도를 중심으로 참고할만한 몇 가지 특징을 소개합니다.

먼저, 마을만들기는 주어진 계기(사업)를 잘 활용하면서 위기를 기회로 만드는 것이 중요합니다. 이 마을은 1987년에 시작해 1992년까지 약 5년 동안 진행된 경지정리사업이 중요한 계기가 되었습니다. 이 사업을 시작하는 초기 1년 반 사이에 총 80번의 마을회의를 개최하면서 경지정리기본계획을 완성했습니다. 거의 매주 빠지지 않고 회의가 열린 셈입니다.

이 과정에서 3개 행정리가 참여하는 마을조직 '그린피아 오오사무라(大佐村)'를 결성했습니다. 우리말로 하면 '녹색 유토피아, 오오사공화국' 정도가 되는데, 공화국이라 번역한 것은 일본의 기초 지자체 행정 단위에 해당하는 무라(村)란 형식을 빌렸고, 또 에도 시대(1603년~1868년) 말기에 3개 행정리가 하나의 자치단체였던 경험을 스스로 복원했기 때문입니다. 이 조직은 행정도 법인도 아닌 임의조직 형태입니다. 우리 농촌 마을도 행정사업을 준비하고 추진하면서 이러한 조직 체계를 새롭게 구성해 볼 수 있을 것입니다(이하 [그림 1] 참고).

[그림 1] 녹색 유토피아 오오사마을의 주민조직도

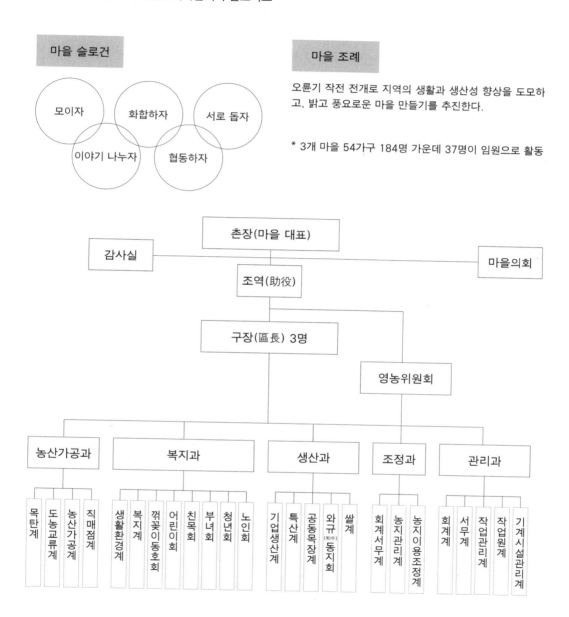

마을 슬로건

모이자
화합하자
서로 돕자
이야기 나누자
협동하자

마을 조례

오륜기 작전 전개로 지역의 생활과 생산성 향상을 도모하고, 밝고 풍요로운 마을 만들기를 추진한다.

* 3개 마을 54가구 184명 가운데 37명이 임원으로 활동

촌장(마을 대표)

감사실

마을의회

조역(助役)

구장(區長) 3명

영농위원회

농산가공과
복지과
생산과
조정과
관리과

목탄계
도농교류계
농산가공계
직매점계

생활환경계
복지계
꺾꽂이동호회
어린이회
친목회
부녀회
청년회
노인회

기업생산계
특산계
공동목장계
와규(和牛)동지회
쌀계

회계서무계
농지관리계
농지이용조정계

회계계
서무계
작업관리계
작업원계
기계시설관리계

둘째, 주민들이 서로 협동할 수 있는 슬로건을 정하고, 역할 분담이 명확하도록 조직도를 그리는 것이 중요합니다. 오오사무라는 올림픽 오륜기를 모방하여 "모이자, 화합하자, 서로 돕자, 이야기 나누자, 협동하자"는 슬로건을 내걸었습니다. 마을의 조직도는 지자체 행정의 형식을 빌려 촌장과 부촌장(조역), 그리고 이장(구장) 3명이 있고, 그 아래에 과장 5명과 계장 25명이 있습니다. 전체 54가구가 빠짐없이 모든 모임에 참여하고, 임원도 맡고 있는 셈이죠.

복지과에는 농촌 마을의 전통적인 기능조직이 배치되어 있는데, 이와 더불어 농업 공동생산을 위한 조직(영농위원회)과 소득사업조직(농산가공과)이 별도로 있습니다. 또 마을의회도 두고 독자적인 조례도 만들었습니다. 별도로 의원을 선출하는 것까지는 아니고, 단 한 줄 뿐인 마을조례이지만 자치단체 형식을 모두 갖춘 셈입니다. 지나치게 '행정적'이라 위화감이 들 수도 있지만, 이런 조직 체계를 잘 검토해 보면 우리 농촌 마을이 앞으로 나아가야 할 큰 방향이 보일 것입니다.

셋째, 행정에 의존하지 않고 자주적으로 공동활동을 전개하되, 전담조직(전담자)을 두고 개인의 일과 구분하는 것이 중요합니다. 오오사무라는 연간 4회 정기 발행하는 마을소식지를 주민들 손으로 직접 만들어 배포합니다. 마을 주민 생일잔치도 있고, 야유회도 열립니다. 또 마을광장, 자원 순환형 공동목장, 국도변 농산물 직매장, 농산물 가공장 등의 시설 사업도 합니다. 또 물레방아와 목탄 가마, 짚 공예관 등 전통문화 공간을 복원하고 운영합니다. 이러한 시설 모두 행정의 지원 없이 주민 스스로 설계하고 자원봉사로 직접 지었다는 점이 정말 주목할 만합니다. 시설 자체가 거창하지도 않고 필요한 자재는 대부분 재활용한 것이지만, 주민 손으로 직접 지었기에 애정도 많고 사후 관리도 쉽습니다. 혹은 개인이 투자하고 마을과 공유하며 공동활동을 확장하는 방식을 선택합니다. 어느 경우나 행정 지원은 없거나 최소한에 그칩니다. 행정 보조사업을 무조건 '거부'해야 한다는 것이 아니라 마을자치의 관점이 우선되어야 한다는 뜻입니다.

이처럼 시설을 짓고 관리하기 위해 마을조직은 새로 신설되기도 전환되기도 합니다. 농산가공과의 4개 조직은 모두 이런 프로젝트팀 성격에 해당합니다. 영농위원회의 3개 과는 경지정리를 계기로 만들어진 조직 특성을 보입니다. 하지만 농촌 마을이기에 농업을 가장 기본으로 해야 한다는 보편성을 담고 있습니다. 이런 점을 한국 농촌 마을과 비교해 보면, 처음부터 행정 지원을 계기로 주민 활동이 출발하지 않는다는 점이 특징입니다. 또 마을조직 내부에 농업 생산, 가공, 판매 영역이 중요하게 들어와 있다는 점도 눈여겨 볼 지점입니다.

한국 농촌 마을에도 한두 개 있기 마련인 작목반, 영농조합법인, 농업회사법인, 그리고 개인이 운영하는 교육농장, 체험농장, 펜션, 식당 등과 마을조직은 어떤 관계에 있어야 할까요? 또 마을의 농업은 누가 담당해야 할까요? 당연히 마을 일이라 하지만 농가 단위로 해결해야 할 일도 있고, 공동으로 해결해야 할 일이 있습니다. 이를 구분하면서도 협력하는 관계 설정이 마을조직도를 그릴 때 중요하게 포함되어야 합니다.

넷째, 마을자치를 위해 반드시 공동활동으로 수익사업을 도입하여 마을기금을 확보하고, 회계를 공개적이고 투명하게 운영해야 합니다. 오오사무라의 공동사업은 해마다 8~9개가 있는데, 각각 분리된 독립회계로 투명하게 운영합니다. 각각의 회계는 매년 2월경 열리는 마을총회에서 정확하게 보고하고 기록으로 잘 남아 있었기 때문에 필자가 이 마을을 조사하기도 매우 수월했습니다. 이런 독립회계 중에는 소득사업도 있어, 이를 통해 마을기금을 지속적으로 확보하고 있습니다. 마을회관 이용 회계, 목탄가마 숯 판매 회계, 요양원 쌀 판매 회계(판매액의 5% 예치), 국도변 직매장 회계(판매액의 10% 예치) 등이 이에 해당합니다.

오오사무라는 해마다 1억 원 내외의 마을기금을 유지하고 있고, 이 돈은 새로운 사업을 시작하거나 유사시에 아주 유용하게 쓰입니다. 물론 모든 조직마다 회계가 있거나 보고되는 것은 아니고, 수익사업과 관련된 조직에만 이런 원칙이 적용됩니다. 앞으로 초고령화 속도는 더 빨라질 것이기에 소농과 고령농이 생계를 유지하고 마을의 자치 활동을 지속하기 위해서라도 공동의 수익사업은 계속 개척해야만 합니다.

여기에서 구체적으로 마을기금 확보 방법과 투명한 회계 관리, 역할 분담 등이 과제로 부각됩니다. 마을 공동의 수익사업은 누가 어떻게 담당할 것인가? 기금은 어떻게 만들고, 회계 관리는 어떻게 할 것인가? 수익사업에 도전하는 것은 정말 쉽지 않은 일임에 분명하지만, 이를 포기한다면 마을의 지속가능성은 확보되지 않습니다. 새로운 청년들의 전입을 적극 지원하거나(귀향귀농귀촌) 마을 규모를 키우는(옆 마을과 통합) 방법 등 근본적인 대책을 찾아야 합니다.

오오사무라의 조직도에서 무엇을 배울 것인가?

오오사무라는 앞에서 소개한 것처럼 자립성이 강하고 다방면에 걸쳐 활발한 활동을 전개했습니다. 이런 점을 평가 받아 1992년 제31회 마을만들기 부문에서 농림수산대신상을 수상하였고, 외부 지역에서의 시찰단이 끊임없이 이어지고 있습니다. 필자가 보기에는 마을조직도 자체가 가장 인상 깊었고, 우리에게 시사하는 바가 매우 많습니다. 자세히 들여다볼수록 대단함을 느낍니다. 다음과 같은 특징을 다시 강조하고 싶습니다.

먼저, 전통적인 기능조직과 새로운 경제조직이 마을회 전체 조직 체계에서 잘 조화되어 있고, 촌장 제도를 도입했다는 점입니다. 촌장과 과장, 계장으로 이어지는 수직적인 조직 체계를 띠면서도 전통적인 기능조직(노인회, 부녀회, 청년회, 어린이회 등)과 공동체영농조직(영농위원회와 산하 3개 과), 소득사업조직(농산가공과와 산하 4개 계)이 서로 융합되어 있는 셈입니다. 또 행정조직의 말단인 구장(區長, 우리나라의 이장) 3명을 포함하는 형태로 마을을 대표하는 촌장이 있습니다. 촌장은 오오사지구를 대표하는 사람이고(외부적으로), 각종 마을조직이 참가하는 전체 회의의 주재자(내부적으로) 역할을 담당합니다. 각각의 세부 활동은 잘 분산되어 역할 분담이 명확하고, 촌장은 마을 '어른' 역할을 할 뿐이라 큰 부담이 없습니다. 필자가 조사하던 때에는 마을로 장가온 데릴사위가 세 번째 촌장을 맡고 있었습니다. 한국 농촌 마을로 돌아오면 촌장이란 존재 문제, 이장과 촌장의 관계 설정, 각 활동 영역별로 매우 구체적인 역할 분담 등 검토해야 할 시사점이 정말 많습니다.

둘째, 마을조직 내에 농업 생산 영역을 광범위하게 포함시켰다는 점입니다. 한국 농촌 마을은 도농교류와 농촌체험을 지나치게 강조하고, 농업 생산 조직과의 연계가 부족하다는 것이 큰 약점입니다. 6차산업을 연계하여 개별 경영체의 농산물 가공이나 직거래 유통 정도가 추가될 뿐입니다. 농촌 마을이 농업을 포기하면 진정한 의미의 마을만들기 활동이 아닙니다. 오오사무라에서는 영농위원회를 중심으로 농산물 공동생산, 농지 관리, 공동 농기구 이용 등이 이루어집니다. 1970년대부터 도입된 '논농사 의무 감축과 타 작물 전환 지원 정책'을 연계시키고, 마을의 초고령화 상황에 대한 적극적인 대처와 소규모 농지의 효율적이고 순환적인 이용, 농기계의 공동 활용 등을 위해 도입한 방식입니다. 초고령화 추세가 심각하게 빠른 한국 농촌 마을에서도 향후 이러한 공동체농업(마을영농) 방식을 적극적으로 검토하고 마을조직도에 포함해야 합니다(충남마을만들기지원센터,《마을독본》통권 5호 특집 '마을공동체농업' 참고).

셋째, 3개 마을이 모여 수익 영역(경제공동체)과 비수익 영역(생활공동체)을 균형 있게 포괄하고 있다는 점입니다. 오오사무라는 전통적인 마을 공동활동에서 새로운 수익사업 영역을 하나하나 개척하면서 단계적으로 발전해 왔습니다. 여기에 경지정리를 계기로 3개 마을로 확장하면서 두 영역의 통합을 비교적 원활하게 이루어냈습니다. 또 투명한 회계 보고를 통해 서로 간의 신뢰 관계가 이루어지고, 매년 마을기금을 적립하면서 선순환 관계를 만들어 왔습니다. 필자가 참관했던 마을총회에서는 어느 특별회계 하나에서 '몇 엔'의 오류가 드러나자 정회하고 다시 회의를 소집하는 경우도 보았습니다. 그만큼 투명한 회계를 강조하고 매년 연속하여 진행하기에 다음 사람에게 노하우가 전달되고 있음을 보여 주는 사례였습니다. 한국 농촌 마을에서는 이웃 마을과 협력하여 어떻게 더 큰 활동을 할 수 있을까요? 서로 이질적인 두 영역을 어떻게 마을조직 속에 녹여낼 수 있을까요? 회계의 투명성은 어떻게 확보할 수 있을까요? 하나같이 쉽지 않은 과제이지만 마을조직도를 검토하면서 극복 방향을 찾아야 합니다.

마을조직도 그리기의 주요 원칙과 쟁점

오오사무라 사례는 일본에서도 매우 발전된 형태에 해당합니다. 하지만 대다수의 일본 농촌 마을이 초고령화 상황에서도 쉽게 무너지지 않는 까닭은 '권한과 책임'을 골고루 분산하고 무리하게 행정사업을 받아들이지 않기 때문으로 보입니다. 우리보다 고령화율이 훨씬 높고 행정지원사업도 거의 없지만 여전히 유지되고 있는 이유는 결국 마을자치 정신이 살아 있기 때문일 것입니다. 물론 농촌 과소화와 초고령화, 마을 소멸 등에 대한 근본적인 대응은 별도 차원의 매우 큰 과제입니다. 적어도 당면한 마을 내부 문제를 해결하고 주민들이 행복하게 살 수 있는 길은 마을자치 관점에서 일정 정도 해결할 수 있습니다.

출발점은 마을조직도 정비에 있습니다. 권한과 책임을 적절하게 분산하고, 민주적인 협의 구조를 확보하며, 무리하지 않고 천천히 성공의 작은 경험을 축적해야 합니다. 그렇다면 한국 농촌 마을조직을 재정비하고 앞으로 나아가야 할 방향과 원칙은 무엇이고 어떤 쟁점이 있을까요? 여기에 대해 몇 가지 제안을 해보겠습니다.

초고령화 시대의 농촌 마을 여건을 반영해야 합니다

무엇보다 시대 상황이 빠르게 변화하고 농촌 마을의 여건이 크게 바뀌었음을 인정하고 출발해야 합니다. 마을 인구는 1970년대에 비해 3분의 1에서 5분의 1까지 줄었고, 65세 이상 인구 비율을 뜻하는 고령화율은 대개 60%가 넘습니다. 마을 주민 중에는 읍내로 출퇴근하는 사람도 많아지고, 멀리 이동해야 할 필요성도 늘어나 생활 반경이 훨씬 넓어졌습니다. 농민 이외의 직업을 가진 사람도 많아졌고, 다문화 가정이나 조손(祖孫) 가정 등 세대 구성도 크게 달라졌습니다.

이런 상황에서 '한 사람의 영웅'에 의존하는 방식으로는 마을 활동이 오래갈 수 없음은 분명합니다. 리더 한두 사람의 희생에 의존하지 않고, 주민 다수가 참여하고 합의하는 방식에 대해 공감대를 형성하는 것이 중요합니다. 이는 저절로 만들어지지 않습니다. 마을회의를 자주 열고, 이 자리에서 이야기 나눌 기회를 많이 가져야 합니다. 또 행정지원사업을 활용하거나 중간지원조직의 도움을 받아 작은 실천을 반복해야 합니다.

마을 주민 다수가 이런 교육을 받을 수 있는 기회를 많이 제공하고, 누군가가 이런 논의를 시작할 필요성을 먼저 제기해야 합니다. 시대 상황이 크게 변하였고,

기존 방식으로는 마을 활동이 성공할 수 없음을 알아야 합니다. 실패 사례에서 더 많이 배워야 하고, 마을 활동이 오래 가기 위해서는 마을조직도 그리기 작업이 꼭 필요한 과정임을 인정해야 합니다. 물론 실천해 나가면서 기존의 마을조직도를 계속 점검하고 수정, 보완해야 합니다.

생활공동체 활동과 경제공동체 사업을 구분해야 합니다

마을조직에서 전통적인 생활공동체 활동 영역과 새롭게 등장하는 경제공동체 사업 영역은 서로 분리하되 협력하는 관계로 통합해야 합니다 (이하 [그림 2] 참고). 원래 농촌 마을은 주민들이 공동으로 수익사업을 지향하는 경제공동체가 아니었습니다. 마을 주민 '열 사람의 한 걸음'을 지향했고, 특출한 역량을 가진 '한 사람의 열 걸음'을 인정하지 않았습니다. "모난 돌이 정 맞는다"는 속담도 이래서 나왔죠. 그래서 '마을기업'이라는 용어는 논리 모순의 두 개념을 결합한 셈입니다.

하지만 지금의 농촌은 마을의 경제 자립을 위해서라도 공동의 수익사업을 하지 않으면 안되는 상황이 되었습니다. 일부 중농과 대농을 제외하고는 '모두가 골고루 가난한 상황'에 놓여 있고, 최소한의 소득조차 올리기 힘든 농업 여건에 놓여 있기 때문입니다. 그래서 농업 생산, 가공, 체험, 유통 등의 영역을 공동으로 추진하는 경제공동체 사업을 마을조직에 꼭 포함시켜야 합니다. 이를 통해 얻은 수익금을 기금으로 적립하고 마을의 생활공동체 활동(경관 보전, 문화·복지 활동 등)에 환원해야 합니다. 두 영역의 차이를 존중하면서도 서로 조화를 찾아가는 방향을 모색해야 합니다. 협력하는 성과를 축적하면서 '살기 좋은 농촌 마을 만들기'라는 공동의 목표를 지향해야 합니다.

[그림 2] 농촌 마을조직의 현대적 개념: 경제공동체와 생활공동체의 구분 및 협력 관계

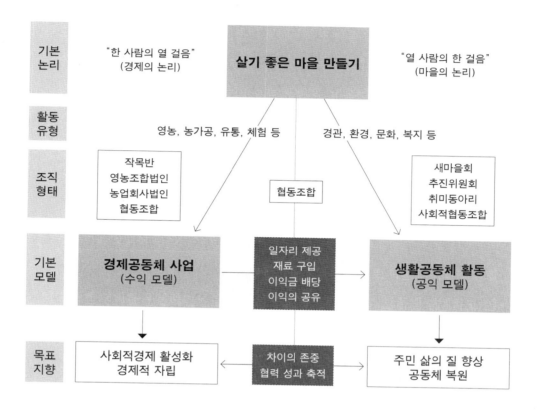

경제공동체 사업을 추진하는 조직은 '한 사람의 열 걸음'을 강조해야 합니다. 뜻이 맞는 사람들끼리 모여 권한과 책임을 명확히 하면서 가시적 성과 도출을 우선해야 합니다. 마을 공동시설의 위탁 운영까지 포함하여 마을회와의 명확한 권한 배분과 이에 따른 대가 지불을 마을총회에서 합의해야 합니다. 합의한 내용은 반드시 서류로 남기고 마을회관 게시판에 핵심 내용을 알려야 합니다. 초기 형태로는 전통적인 작목반이나 영농조합법인도 있지만, 사업 성격에 따라 농업회사법인이나 일반 협동조합이 될 수도 있습니다.

소득사업을 마을 주민 모두가 함께 한다는 것은 지나치게 이상적입니다. 참여자의 책임성도 떨어지고, 무임승차하는 사람도 나타나며, 무엇보다 권한과 책임이 일치하지 않기에 가시적 성과 자체를 얻기 어렵습니다. 열심히 노력하겠다는 사람 중심으로 투자를 하고, 성과를 올릴 수 있도록 열심히 응원해 줘야 합니다. 대신에 마을 주민에게 일자리를 제공하고, 마을 농산물을 우선 구매하며, 마을 협약에 따라 연말이나 연초의 총회를 거쳐 이익금의 일정 비율을 마을기금으로 납부하면 됩니다. 이처럼 경제공동체 조직이 수익 영역을 개척하고 성과를 내면서 사회적경제조직으로 계속 발전할 수 있도록 마을총회에서 지속적으로 배려하고 존중해 주어야 합니다.

이러한 관계 설정을 마을조직의 기본 개념으로 받아들여야 합니다. 마을 규모가 작고, 마을 후계자를 찾기도 어려우며, 의사 결정이 잘 되지 않는 마을은 경제공동체 사업을 펼치기 어렵습니다. 이 말은 행정의 중·대규모 보조사업을 지원받는 일 자체를 자제해야 한다는 뜻이기도 합니다. 작은 프로그램 사업을 매년 지속적으로 지원받으며 생활공동체 활동을 하는 것은 충분히 가능해도, 하드웨어 시설 정비까지는 사후 관리를 염두에 두면 쉽지 않습니다. 물론 '작지만 강한 마을'도 기대할 수 있고, 그런 가능성까지 닫혀 있지는 않습니다. 중요한 것은, 두 유형의 공동체 활동 특성을 구분하면서 추진해야 하고, 이런 역할을 분담할 수 있는 마을 리더가 명확히 구분되어야 마을만들기가 지속가능하다는 점입니다.

마을(자치)회 회장, 이장, 위원장 등
역할을 구분해야 합니다

　　　　　　　　마을 이장과 위원장의 관계 설정을 명확하게 토론하고 합의해야 합니다. 마을만들기 활동 초기에는 "한 마을에 '우두머리'가 두 사람 있을 수 없으니" 한 사람으로 역할을 통합하여 리더하는 것이 일반적으로 바람직합니다. 하지만 행정 사항을 전달하는 정도의 이장 업무는 한 사람이 감당할 수 있겠지만, 마을에 사업이 늘어날수록 무리일 수밖에 없습니다. 특히 소득사업을 담당하는 조직이 별도로 생길 정도가 되면 '한 사람의 무보수 희생과 봉사'로는 도저히 감당할 수 없습니다. '권한과 책임'이 불명확하면 소득사업을 제대로 추진할 수 없습니다. 일상적인 회의나 공동작업에 나오지 않는 주민에게 권한이 주어지면 갈등이 생길 수밖에 없습니다. 더구나 소득 분배 시점에서는 '무임승차'하는 주민이 나타나 심각한 갈등으로 번지기도 합니다.

　이처럼 마을만들기 활동이 진전되면서 생활공동체와 경제공동체는 조직적으로 서로 분리하는 것을 지향하되, 상호 협력과 견제 장치가 있어야 합니다. 이장이 경제공동체 법인의 당연직 감사로 참여하고, 수익금(혹은 보조금)의 일정 부분을 마을기금으로 납부하는 등 협력과 견제에 대해 마을총회에서 충분하게 합의를 이루어야 합니다. 세세하게 합의 사항을 정하고, 문서로 명확하게 정리해야 하며, 또 이를 마을 주민 모두가 공유해야 실효성이 높아집니다. 농촌체험휴양마을에서 흔히 나타나는 대부분의 갈등은 이러한 구분과 합의 사항이 불명확하고, 주민들 사이에 충분히 공유되지 못하기 때문에 나타납니다.

　또 하나 잘 생각해 보아야 할 마을의 역할은 회장이라는 직책입니다. 새마을회가 되든 마을자치회가 되든 '회'라는 조직 형태이기 때문에 대표하는 사람의 직책은 회장이 당연합니다. 이장은 행정리의 장에 해당하고, 위원장은 행정사업 추진위원회의 장에 해당합니다. 마을자치를 지향하는 마을만들기 활동 측면에서 보자면 마을의 대표자로서 회장과 행정 측면의 이장, 프로젝트(소득사업) 추진을 위한 위원장, 이렇게 세 사람이 역할을 구분하되 협력하는 관계로 있는 것이 가장 바람직합니다. 물론 초기부터 이렇게 역할을 분담하기 어렵고, 또 이렇게까지 구분할 수 있을 정도로 역량이 높은 마을이 드물다는 것도 사실입니다. 하지만 지향점으로는 분명히 이런 역할 분담을 모색해야 합니다.

이런 점을 염두에 두고 마을만들기 활동의 경험이 쌓여 4년 정도 지난 마을이라면 [그림 3]과 같은 조직도가 바람직하다고 제안합니다. 행정지원사업으로 이런저런 활동 경험도 있고, 시설도 일부 갖추고 있는 경우에 해당한다 볼 수 있습니다. 시행착오를 겪더라도 순탄하게 역할 분담이 진행된 경우이며, 추진 과정에서 갈등이 생기거나 후계자가 추가로 등장하지 않으면 더 오랜 시간이 걸릴 수 있습니다. 이상적인 형태이기는 하지만, 하나의 지향점으로 지속적인 검토가 필요하다고 제안합니다.

마을민주주의 관점에서
마을총회와 운영위원회를 두어야 합니다

일반적으로 "마을만들기는 풀뿌리 직접 민주주의의 훈련 과정"이라고 합니다. 그래서 마을민주주의를 실현하기 위해서는 주민들의 일상적인 참여 활동을 기본으로 마을총회를 통한 의사 결정과 정기적인 실무 협의, 다양한 조직 사이의 상호 견제 기능을 강화해야 합니다. 주민 모두가 주인으로 참여하면서 동시에 결정 사항에 스스로 통제를 받는 구조가 바람직합니다. 마을의 구성원들이 서로 다양성을 존중하면서도 권한과 책임을 일치시키는 방식으로 개별 조직들이 작동되어야 합니다.

[그림 3] 마을조직도 표준안: 마을만들기 활동 4년차 이상 경험 마을

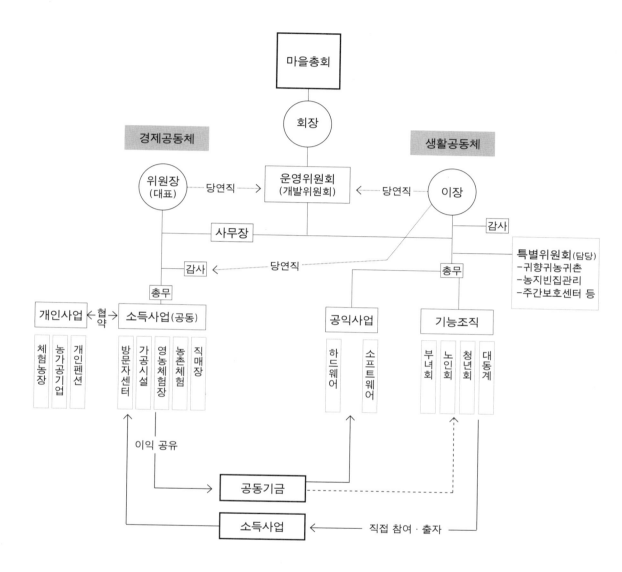

마을총회는 연 1회가 아니라 상반기 1회, 하반기 1회로 여는 것이 좋습니다. 그리고 중요한 결정 사항은 주민 모두(가구 대표 한 사람이 아닌) 참여하여 결정해야 합니다. 마을총회에서는 사업과 회계 보고가 이루어져야 하고, 회의의 격식을 갖추어야 합니다. 그래서 연말 또는 연초에 여는 대동회와 분리할 필요가 있습니다. 회의 주재자는 회장(가장 바람직하기로는)이 되어야 하고, 회장이 별도로 없다면 이장이 맡는 것이 현실적입니다. 마을총회가 형식적으로 개최되지 않도록 한 달 전부터 운영위원회에서 역할을 확인하며 미리 안건을 준비하는 과정을 밟아야 합니다.

마을 운영의 일상적인 협의를 위해서는 운영위원회를 별도로 구성해야 합니다. 현재 제도적으로 많이 있는 개발위원회 제도를 확대 개편하여 운영하는 것이 바람직합니다. 운영위원회는 마을 전체 일을 일상적으로 협의하고 결정하는 임원회의 성격에 해당합니다. 여기에는 경제공동체와 생활공동체의 여러 조직 대표들이 골고루 참여할 수 있어야 합니다. 운영위원회의 장은 회장이 겸임하는 것이 좋고, 회장이 없다면 별도로 선출하거나 이장이 겸임할 수도 있습니다. 기존의 개발위원회 구성원(이장과 기능조직 대표)에 마을 위원장과 법인 대표, 특별위원회의 장까지 포함하여 10~15명 정도로 구성될 것입니다. 운영위원회는 월 1회 '비가 오나 눈이 오나' 정기적으로 여는 것이 가장 중요합니다.

마을만들기 활동의 독선을 견제하고 감시할 수 있는 의회 기능도 필요합니다. 마을 전체의 재산과 경제 활동 상황을 확인하고, 매년 목표를 세워 열심히 활동하며, 적어도 1년에 한 번씩은 점검하면서 가야 합니다. 그래서 마을총회에서 선출하는 감사 한 사람으로는 부족할 수 있고, 가능하다면 사업 감사와 회계 감사를 분리하는 것이 바람직합니다. 마을 활동의 규모가 크다면 외부(또는 귀농귀촌인) 전문가에게 맡길 수도 있습니다. 개별 조직마다 감사를 두고 있지만, 마을 운영 전체의 감사 기능이 있어야 '제대로 가고 있는지' 점검할 수 있는 셈입니다. 물론 회계 감사는 쉽지 않습니다. 개별 조직들의 통장을 모두 모아야 하는데, 마을만들기 초기 단계부터 가능한 일은 분명 아닙니다. 핵심적인 것은, 마을 활동 전체가 비전과 목표를 공유하면서 체계적인 역할 분담, 상호 협력과 견제가 잘 작동하도록 나아가는 것입니다.

마을의 중요 프로젝트를 위한
특별위원회를 둡니다

　　　　　마을만들기의 활동 영역은 매우 넓고 복잡합니다. 마을 자치회의 회장과 이장, 위원장 등 몇몇 사람의 힘만으로는 절대 '멀리 갈 수' 없습니다. 마을 주민 각자의 관심과 역량을 반영하여 '모두가 한 가지씩 역할을 맡는' 것이 중요합니다. 일상적이고 반복적이라면 이미 조직이 만들어진 경우가 많습니다. 하지만 전문성이 필요하거나 프로젝트 성격이 강한 경우에는 마을총회 결의 사항으로 특별위원회(분과)를 설치해야 합니다. 반드시 여러 사람일 필요는 없고, 처음에는 담당자 한 사람을 정하는 것부터 출발할 수도 있습니다. 또 위원회나 분과라는 형식이 아니라 연구회, 추진단, 사업단 등과 같은 이름일 수도 있습니다.

농촌 마을만들기 활동에서 흔히 놓치고 있는 다음 세 가지 위원회는 꼭 설치해야 한다고 제안합니다.

첫째, 가장 기본이 되는 농지 관리와 공동체농업 관련 모임입니다. 마을의 농지가 외지인(투기성)에게 쉽게 넘어가지 않도록 마을 전체가 체계적으로 관리해야 합니다. "땅값 올라 좋아하는 사람은 마을의 역적이다."라는 말이 있듯이, 살고 있는 주민 입장에서 가격과 거래 상황을 반드시 공유해야 합니다. 그래야 마을에 살거나 새로 들어와 정착하려는 농민이 농지를 소유하고 경작하는 경자유전(耕者有田) 원칙을 지킬 수 있습니다.

나아가 마을 주민 대다수를 차지하는 소농, 고령농, 여성농 등의 소득 보전을 위해 공동의 농업 생산, 가공, 유통이 반드시 필요합니다. 이제 한국 농업은 개별 농민이 각자 대응할 수 있는 수준을 넘어섰습니다. 마을에도 특화 작물이 하나쯤 있어야 하고, 농지를 체계적으로 관리하면서 농기계나 농업 인력을 공동으로 활용하며, 계약 재배를 통해 학교(공공)급식에 체계적으로 공급할 수 있도록 해야 합니다. 이런 농업의 움직임을 마을공동체농업이라 부르고(더 자세한 내용은 충남마을만들기지원센터, 《마을독본》 통권 5호와 마을학회일소공도, 《마을》 5호 특집 참고), 마을조직의 하나로 꼭 필요합니다. 농지위원회 성격도 있고 연구회와 사업단 역할도 있는데, 단계적으로 분리해 나갈 수도 있을 것입니다.

둘째, 현재 농촌 마을의 당면 과제인 어르신 복지 차원에서 별도 전담조직이 필요합니다. 마을 주민 다수를 차지하는 어르신 복지는 행정에만 기대할 수 없고, 많은 부분 마을자치의 역량으로 스스로 준비할 수밖에 없습니다. 대한민국의 근대화에 기여하고 농촌을 어렵게 지켜온 마을 어르신들이 마을에서 명예롭게 은퇴할 수 있도록 노후 대책을 당장 세워야 합니다. 요양원에서 돌아가시도록 하는 것은 "보내드리는 마을 주민 입장에서도, 입소하는 어르신 입장에서도 사람 할 도리가 아닙니다." 현재 젊은 층(50~60대) 주민들의 가까운 미래이기도 합니다. 적어도 스스로 몸을 움직일 수 있을 때는 마을 주민들이 주간보호센터 형태로 돌보고, 거동조차 힘들 때는 면소재지에 요양원을 만들어 여러 마을이 공동으로 대응해야 합니다. 이를 위해 마을의 자치 기금도 모아야 하고, 행정사업이 있을 때 적절하게 건물도 지어야 합니다. 필요한 자격증도 미리 취득해야 합니다. 마을복지센터추진단 형태로 전담자를 정하고, 자격증 취득자들이 필요하면 작은 법인도 설립해야 합니다. 더 늦출 수 없는 당면 과제이기에 마을조직에서 반드시 검토해야 합니다(자세한 내용은 충남마을만들기지원센터,《마을독본》통권 6호 특집 참고).

셋째, 마을의 후계자를 염두에 두고 귀향귀농귀촌 특별위원회 설치를 적극 검토해야 합니다. 한국 농촌 마을의 5년, 10년 앞을 내다본다면 함께 일할 수 있는 후계인력 확보가 핵심 과제입니다. 현재와 같은 초고령화 상황에서는 '마을 일'을 함께할 수 있는 사람이 새로 들어오지 않는다면 마을의 미래를 설계할 수조차 없습니다. 물론 마을공동체 활동이 활발하고 소득도 어느 정도 있어 '현재 살고 있는 주민'들이 즐거워하는 것이 전제 조건입니다. 반대로 이런 마을공동체 활동을 시도해 보기 위해서는 '살고 싶어 이사 오는 이주민'의 유입이 핵심 과제이기도 합니다.

우선순위로는 고향을 떠난 출향인에게 "마을에서 여생을 좋은 일하면서 함께 가보자."라고 귀향을 설득해야 합니다. 1년에 한두 가구라도 새로 들어온다면 마을에 희망이 있습니다. 젊고 결혼하여 아이까지 있는 가구가 들어올 수 있도록 빈집을 수리하여 무상으로 제공하는 사업도 적극 시도해야 합니다. 이런 점까지 포함하여 귀향귀농귀촌 특별위원회가 마을의 미래 운명을 책임질 조직이라 할 수도 있습니다. 먼저 들어온 사람들의 일상생활도 지원하고, 새로 들어오는 사람을 반갑게 맞이하는 차원에서 담당자 한 사람이라도 정하는 일부터 시작해야 합니다(자세한 내용은 충남마을만들기지원센터,《마을독본》통권 8호 특집 참고).

마을조직도를 검토하는 것 자체가 살기 좋은 마을만들기

마을마다 여건이 다르기에 마을조직도에 정답은 없습니다. 앞에서 제시한 중요한 원칙과 쟁점을 검토하면서 마을 상황에 맞게끔 답을 찾아가면 됩니다. 이렇게 마을조직도를 검토하고, 마을 발전의 방향을 찾아가는 것 자체가 '살기 좋은 마을' 만들기입니다. 이런 논의가 활발한 마을일수록 한 걸음씩 나아갈 수 있고, 마을공동체 활동도 활발해지며, 외지 사람들도 부러워하며 이사를 오려는 '살고 싶은 마을'인 셈입니다. 이런 좋은 순환 관계를 만들어 낸다면 농촌 마을에도 희망이 생깁니다.

마을조직도를 새롭게 정비할 때에는 마을규약(정관) 검토도 병행해야 합니다. 마을 사업이 확대될수록 다양한 조직이 필요하고, 이에 따라 세부적인 약속도 필요합니다. 이런 조직과 약속을 마을규약에 담아야 합니다. 이와 동시에 서로 간의 소통과 협력을 위해 당면 과제를 협의하고 공유하는 회의 체계도 발전해야 합니다. 물론 모든 회의 조직은 '옥상옥'이 되지 않도록 단순하고 명확해야 합니다. 회의 결과는 마을총회로 수렴되어야 하고, 의사 결정 방식은 가능하면 만장일치를 우선해야 합니다. 다수결이 때로 필요하겠지만, 결과적으로 감정상의 갈등을 일으킬 수 있기 때문입니다. 작은 마을일수록 총회에서 결정하고 만장일치를 중요한 의사 결정 방식으로 해야 합니다. 마을규약이 단순할수록 좋다는 주장은 생각하기 나름이고 지나치게 이상적일 수 있습니다.

지금까지 한국 농촌 마을의 조직 정비를 위한 방향과 원칙 등을 제안해 보았습니다. 하나하나 쟁점이 될 수 있고, 마을 유형에 따라 당연히 적용 방식이 달라질 것입니다. 하지만 이런 제안에 대해 주민들이 모여 토론과 합의 과정을 반복하며 마을에서 풀뿌리 민주주의를 실현해 가는 것 자체가 중요합니다. 과정이 민주적이면 결과도 모두 수긍할 수 있습니다. 실패하더라도 더욱 소중한 지혜를 얻을 수 있습니다. 이 글이 독자 여러분이 살고 있는 마을조직을 검토하여 재정비할 수 있는 소중한 계기가 되기를 기대합니다.

마을조직도 유형과 사례 들여다보기

정남수 공주대학교 교수

현대 농촌에서는 마을 리더에게 관리자, 혁신자, 변화 촉진자, 의사소통자, 점검자 등 다양한 역할을 요구하고 있습니다. 하지만 마을 리더 몇 사람이 이런 역할을 모두 해내기는 어렵습니다. 마을공동체 구성원들이 적절한 조직을 꾸려 역할을 분담해야 효율적일 것입니다. 이 글에서는 농림수산식품부에서 펴낸 『색깔 있는 마을만들기 현장포럼 운영매뉴얼』을 바탕으로 생각해 볼 수 있는 마을조직 유형을 살펴보고, 필자가 방문한 적 있는 우수 마을 사례와 비교하여 간략하게 분석해 보고자 합니다.

마을에서 검토할 수 있는 여러 조직 유형

마을 주민 전체가 참여하는
마을회 중심의 운영 모델

이 모델은 마을 이장과 위원장을 중심으로 공동 마케팅, 공동 운영 방식으로 사업을 진행하기에 탄력을 받을 수 있는 모델입니다. 사

[그림 1] 마을회 중심 운영 모델

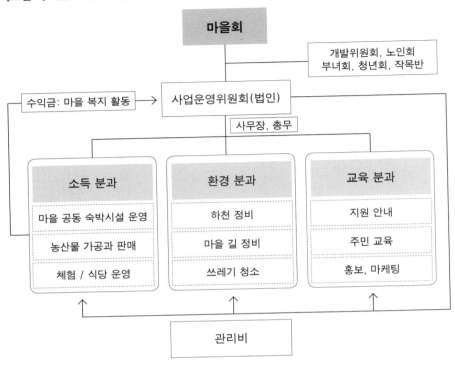

업 운영위원회를 법인화 할 수도 있으나, 대부분은 마을회에서 조직을 직접 관할하는 경우입니다. 개별적으로 운영되던 개발위원회, 노인회, 부녀회, 청년회, 작목반, 개별 펜션이나 민박 등을 느슨한 조직 체계에 포함시킨다는 데 큰 의의가 있습니다.

마을에서는 수익금이 나올 수 있는 농산물 가공, 판매, 체험 등을 직접 운영하거나 민박 홍보 및 마케팅을 지원하고 발전 기금이나 회비 형태로 수익금 일부를 받을 수도 있습니다. 수익금은 마을의 환경 관리나 시설물 운영에 활용하거나 마을 복지 활동에 지원할 수 있습니다. 이런 구조를 갖춘다면 마을 구성원 모두가 손쉽게 일정한 역할과 참여를 할 수 있을 것입니다.

주의해야 할 점은, 마을의 개별 사업자(민박, 펜션, 식당 등)에게 부담하는 발전기금이나 회비 등이 행정에서 지원받는 사업비에 상응하는 것으로 논의되거나 강제해서는 안 된다는 점입니다. 그렇게 될 경우 마을에서 이루어지는 각종 회의나 협의는 시장에서 물건 값을 흥정하는 거래처럼 흐를 수 있고, 그러다 보면 갈등이 일어날 수밖에 없습니다. 개별 사업자가 부담하는 방식이나 금액은 마을을 위해 편안하게 희사(기부)할 수 있는 정도여야 오래갈 수 있습니다.

개별 사업자에게 수수료를 받는
마을 사무국 중심의 운영 모델

두 번째 모델은 마을 사무국을 중심으로 운영하는 모델입니다. 마을의 개별 구성원들이 책임경영제를 통해 체험, 숙박, 농산물 판매 등으로 소득을 올리고, 마을에 일정한 수수료를 내는 형태입니다.

마을에 소득 관련 시설이나 활동이 계속 늘어나면 개별적으로 진행하는 것은 오히려 효율이 떨어지게 됩니다. 또한 소비자도 카드 지출이나 표준 가격, 환불 시스템 등을 선호하는데 개별 구성원이 이러한 부분들을 충족시키기는 어렵습니다. 그래서 마을의 조직(사무국)이 소비자 접수, 농산물 판매, 환불 등을 총괄 진행하고, 개별 구성원은 각자의 사정에 맞게끔 체험, 숙박, 농산물 제공 등 소비자를 직접 상대하는 구조입니다. 이 모델에서는 마을 사무국이 일상 업무 외에도 농산물 판매장 운영이나 단체 식사 제공 등 새로운 수익 모델을 찾아내는 것도 가능합니다.

이 경우에는 특정 농가로 인해 마을 전체 이미지가 손상될 위험이 있으므로 마을 사무국은 홍보와 판매에 따른 수수료를 받는 이외에도 농산물, 가공품, 숙박시설 등에 대한 주기적인 점검을 통해 품질 관리를 해야 합니다.

[그림 2] 마을 사무국 중심 운영 모델

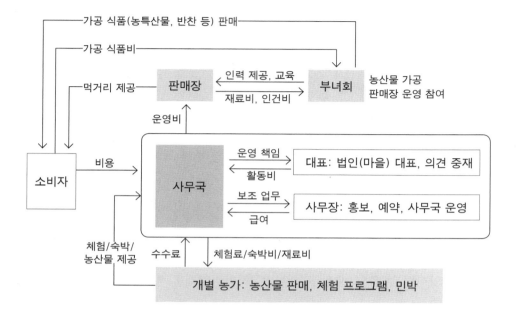

마을 내 법인에게 운영을 위탁하는
책임경영제 모델

　　　　　　세 번째 모델은 전통적인 마을 활동과 소득사업을 추진하는
법인 활동을 서로 분리하는 운영 모델입니다. 행정사업으로 지원받은 각종 시설
의 방만한 운영이나 도덕적 해이를 방지하기 위하여 재산권은 마을회에 그대로
둡니다. 대신에 효율적인 운영을 위해 작목반이나 법인을 구성하여 운영을 위탁
하고, 마을 주민들은 법인과 농산물 판매나 일자리 제공 등으로 관계를 맺습니다.
마을 사업이 어느 정도 성장하고, 가구 수가 많아 전문 인력도 있으며, 사업 초기
에 참여하지 못한 주민도 많을 때 선택할 수 있는 모델입니다. 마을 공동시설의

소유와 운영을 분리한다는 측면에서 선진적인 방식이라고 할 수 있습니다.

하지만 법인 운영의 투명성이 전제되어야 하고, 수익이 나지 않는다면 오해나 갈등이 생길 수 있습니다. 마을 이장이 법인의 당연직 감사를 맡고, 법인 수익금의 마을 환원액(공동기금)이 적절하다면 충분히 유지될 수 있는 모델일 것입니다. 그러나 자칫 마을회가 형식화되고 법인이 마을 사업을 모두 주관할 수 있기에 충분한 신뢰 관계가 쌓이지 않으면 권장하지 않는 모델입니다.

[그림 3] 법인 책임운영 모델

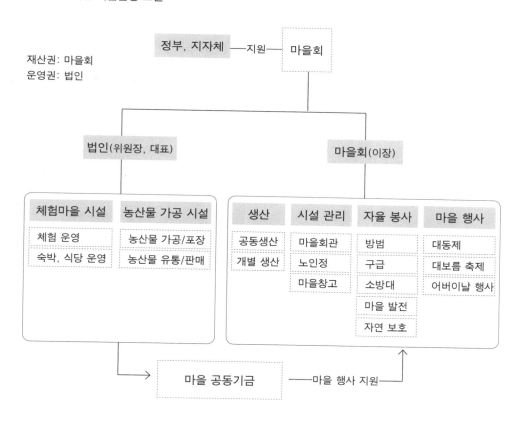

마을 공동출자 법인 설립 운영 모델

마을회에서 영농조합법인에 공동 출자하고 시설 운영을 통해 출자금에 따른 배당을 받는 방식의 모델입니다. 농업회사법인이나 협동조합도 가능하나 출자금 중심의 모델이라는 점, 외부인보다는 내부 농민에 무게를 둔다는 점 때문에 영농조합법인을 권장합니다. 마을 규모가 크지 않고 공동체 신뢰도가 강할 때 적용할 수 있는 모델입니다. 또 마을 사업이 발전하여 소득사업의 책임경영제를 확장하고자 할 때도 검토할 수 있습니다. 체험휴양마을의 기본적인 발전 모델이라 할 수 있습니다.

이 모델은 강력한 책임성과 사업 추진력이 특징으로, 아이쿱생협이 전남 구례와 충북 괴산의 자연드림파크를 빠른 시간에 안착시킨 모델입니다. 하지만 사업이 위기에 봉착하면 위험을 공동으로 감수해야 합니다. 반대로 법인의 수익성이 높은 상태에서 신규 진입이 어려울 경우, 새로운 전문인(귀농귀촌인) 영입에 한계

[그림 4] 공동출자 법인 방식의 운영 모델

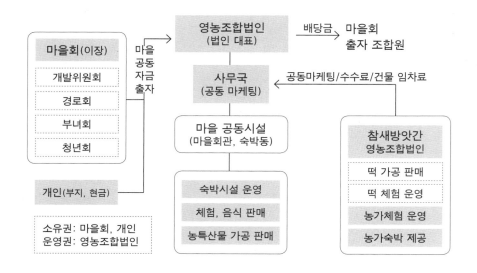

가 생길 수 있습니다. 신규 유입이 쉬울 경우에는 소수의 외부인에 의해 법인 경영과 마을공동체가 흔들릴 수 있는 위험성도 있습니다.

마을조직도 우수 사례 들여다보기

강원도 평창군 어름치마을
전체 주민이 참여하는 영농조합법인 설립과 운영

　　　　　　　　　　　　　　　　　　　강원도 평창군 미탄면 마하리의 어름치마을은 영월댐 건설 백지화 운동을 계기로 마을 사업을 시작했습니다. 그뒤 농식품부 녹색농촌체험마을, 강원도 새농어촌건설운동 등을 통해 래프팅을 즐기는 생태관광민박마을로 발전했고, 이제는 복합휴양마을을 꿈꾸고 있습니다.

어름치마을은 2011년에 주민 협의체를 승계하여 조합원 30가구(전 주민)가 영농조합법인(출자금 1억 1천 4백만 원)을 설립했습니다. 영농조합법인의 조직 체계는 [그림 5]와 같고, 법인의 책임 아래 공동 수익사업 및 연간 수익금 배당 등을 시행합니다. 마을 공동사업의 모든 영역은 분과장과 팀장 체계에서 역할 분담이 명확하게 되어 있습니다.

필자가 마을 평가를 위해 방문했던 2013년에는 그해 9월까지의 체험, 숙박, 농산물 매출이 11억 원에 달하는 등 훌륭한 성과를 이룬 마을이었습니다. 물론 마을에는 공동사업 이외에도 개별 민박이나 펜션 등이 운영되고 있었습니다. 하지만 정부 사업비가 들어간 모든 사업을 영농조합법인 사업에 포함시켜 문제의 소지를 줄였다는 점이 특히 눈여겨 볼 부분이었습니다.

[그림 5] 어름치마을 영농조합법인 조직 체계(2013년 기준)

사업명	운영자	
	정	부
공동식당 운영	사업분과장	축제운영팀
공동펜션 운영		위탁
마을축제, 이벤트		축제운영팀
체험 프로그램 운영		체험시설운영팀
영농 경작		각 작목반
농산물 가공/판매		각 작목반
노인 일자리	관리분과장	어름치공방 등
환경정화		자생조직
시설/장비 임대		재산관리팀
재활용품 판매		재활용팀

운영위원장

[전문가 그룹]
평창군청 그린터
평창그린투어사업단
한국분권아카데미

[협력단]
영월세무서
파카코리아
평창농협 미탄지점
제주도 선흘1리
삼성전자 강원지사

총무분과장

추진위원
사무국장
축제준비위원회

교육, 회의, 기획, 회계

사업분과장

특산물작목반
축제운영팀
체험시설운영팀

체험, 가공, 유통, 판매

관리분과장

노인회, 청년회
재산관리팀
재활용팀(부녀회)
어름치공방

재산, 환경, 복지

경기도 양평군 수미마을

농촌체험마을로서 더욱 치밀하게 발전하는 조직 체계

수미마을은 2007년 녹색 농촌체험마을 사업을 시작으로 농촌관광을 전공한 최○○ 사무장이 귀촌하면서 본격적으로 마을 사업을 추진했습니다. 사업 초기에는 13가구가 50만 원씩을 출자해 출발했습니다. 감자 캐기 등의 체험이 중심이었고, 2010년에는 유급 사무장 지원을 받아 체험 매출액이 2억 3천만 원으로 늘었습니다. 2011년에는 사회적기업 법인으로 전환하여 365일 체험 마을로 발전하는 것을 목표로 했고, 2013년에는 9월 기준 9억 원의 체험 매출을 올렸습니다.

2013년 방문 당시 수미마을의 조직도는 [그림 6]과 같이 마을회 아래 조직위원회를 두고 전체 사업을 추진하고 있었습니다. 하지만 실상은 앞의 [그림 2]와 같이 사무국 중심의 운영 모델이라 할 수 있었습니다. 조직위원회(사무국) 아래에 센터운영팀, 체험운영팀, 서비스팀, 시설관리팀, 총무회계팀 등 5개 팀이 있고, 각 팀장은 이사가 맡고 있었습니다. 법인에는 상근직 근로자 7명, 일용직 근로자 83명이 근무하는 등 농촌체험 분야에서 두드러진 성과를 나타냈습니다.

2016년에 발표된 마을조직도는 [그림 7]과 같이 기존의 마을회와는 완전히 구별되어 있고, 앞의 [그림 3]과 같이 법인 책임운영제 형태로 발전했음을 알 수 있습니다. 사무국을 총괄했던 최○○ 사무장은 운영 법인의 대표를 맡았고, 안전책임자, 커뮤니케이션팀 등을 별도로 구성하는 등 이전에 비해 조직이 훨씬 치밀해졌습니다. 각 팀장을 이사 혹은 총무가 맡는 것은 동일하지만 팀별 역할 분담이 훨씬 구체적으로 변했음을 알 수 있습니다.

[그림 6] 수미마을 조직도(2013년 기준)

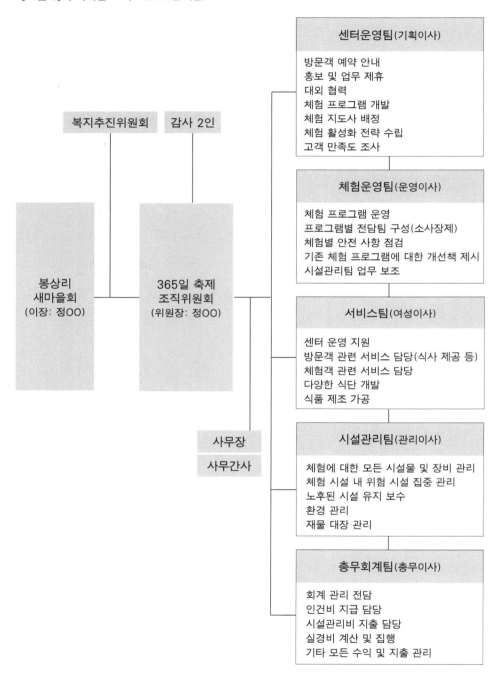

센터운영팀(기획이사)

방문객 예약 안내
홍보 및 업무 제휴
대외 협력
체험 프로그램 개발
체험 지도사 배정
체험 활성화 전략 수립
고객 만족도 조사

체험운영팀(운영이사)

체험 프로그램 운영
프로그램별 전담팀 구성(소사장제)
체험별 안전 사항 점검
기존 체험 프로그램에 대한 개선책 제시
시설관리팀 업무 보조

서비스팀(여성이사)

센터 운영 지원
방문객 관련 서비스 담당(식사 제공 등)
체험객 관련 서비스 담당
다양한 식단 개발
식품 제조 가공

시설관리팀(관리이사)

체험에 대한 모든 시설물 및 장비 관리
체험 시설 내 위험 시설 집중 관리
노후된 시설 유지 보수
환경 관리
재물 대장 관리

총무회계팀(총무이사)

회계 관리 전담
인건비 지급 담당
시설관리비 지출 담당
실경비 계산 및 집행
기타 모든 수익 및 지출 관리

복지추진위원회   감사 2인

봉상리
새마을회
(이장: 정OO)

365일 축제
조직위원회
(위원장: 정OO)

사무장
사무간사

[그림 7] 수미마을 조직도(2016년 기준): 마을총회와 운영위원회는 별도 운영

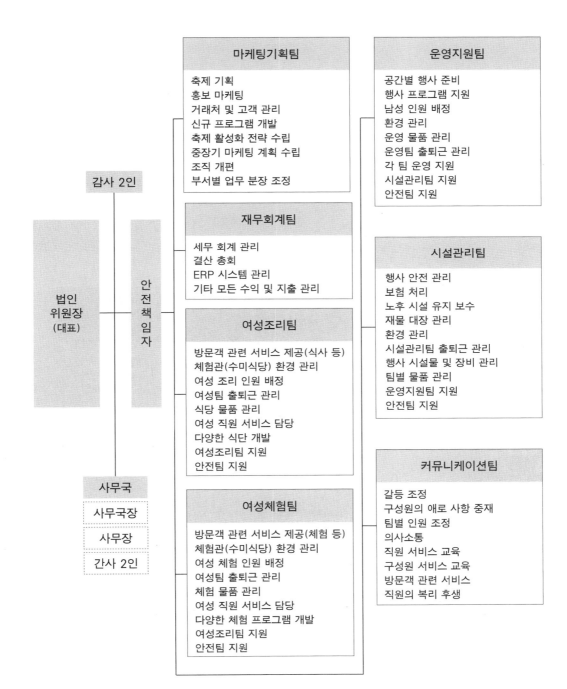

마케팅기획팀
축제 기획
홍보 마케팅
거래처 및 고객 관리
신규 프로그램 개발
축제 활성화 전략 수립
중장기 마케팅 계획 수립
조직 개편
부서별 업무 분장 조정

운영지원팀
공간별 행사 준비
행사 프로그램 지원
남성 인원 배정
환경 관리
운영 물품 관리
운영팀 출퇴근 관리
각 팀 운영 지원
시설관리팀 지원
안전팀 지원

재무회계팀
세무 회계 관리
결산 총회
ERP 시스템 관리
기타 모든 수익 및 지출 관리

시설관리팀
행사 안전 관리
보험 처리
노후 시설 유지 보수
재물 대장 관리
환경 관리
시설관리팀 출퇴근 관리
행사 시설물 및 장비 관리
팀별 물품 관리
운영지원팀 지원
안전팀 지원

여성조리팀
방문객 관련 서비스 제공(식사 등)
체험관(수미식당) 환경 관리
여성 조리 인원 배정
여성팀 출퇴근 관리
식당 물품 관리
여성 직원 서비스 담당
다양한 식단 개발
여성조리팀 지원
안전팀 지원

커뮤니케이션팀
갈등 조정
구성원의 애로 사항 중재
팀별 인원 조정
의사소통
직원 서비스 교육
구성원 서비스 교육
방문객 관련 서비스
직원의 복리 후생

여성체험팀
방문객 관련 서비스 제공(체험 등)
체험관(수미식당) 환경 관리
여성 체험 인원 배정
여성팀 출퇴근 관리
체험 물품 관리
여성 직원 서비스 담당
다양한 체험 프로그램 개발
여성조리팀 지원
안전팀 지원

감사 2인

법인
위원장
(대표)

안전책임자

사무국
사무국장
사무장
간사 2인

충남 홍성군 내현권역
다양한 법인 설립으로 위험을 분산하는 조직 체계

                충남 홍성군 내현권역은 2002년 농촌전통테마마을(농촌진흥청) 사업을 한 적이 있으나, 2009년 농촌마을종합개발사업을 통해 마을 사업을 본격적으로 착수했습니다. 우리나라 농어촌인성학교 1호로 지정되는 등 전국적으로 잘 알려진 마을입니다.

    내현권역의 전체 사업은 거북이마을 운영위원회가 총괄하고 있습니다. 주목할 점은 [그림 8]과 같이 권역 내에 사회적기업, 마을기업, 영농조합법인, 농업회

[그림 8] 내현권역의 다양한 법인들(2016년 기준)

	사회적기업 지랑(주)	내현권역추진위 영농조합 (마을기업)	보개산고사리 영농조합	농업회사법인 땅과바다(주)
주주구성	거북이마을 부녀회	내현권역 주민	내현권역 주민 31가구	내현권역, 보개산 고사리, 지랑(주), 외부 개인
자본금	1,000만원	3,000만원	5,000만원	15,000만원
설립연도	2008년 10월	2009년 1월	2009년 5월	2011년 8월
고용인원	7명	4명	2명	4명
사업내용	보리고추장 서리태된장(간장) 보리고추장 가공품 오이피클 동치미무 고추피클 마을 시설물 활용 체험 활동 민박	농어촌인성학교 권역 내 시설 관리 거북이가면놀이	권역내 고사리 수매 고사리 가공 / 출하	로컬푸드 유통센터 로컬푸드 직매장 유용미생물배양판매 거북이공동체(협업농 장) 운영

사법인 등 다양한 법인이 있고 서로 연계되어 운영된다는 점입니다. 이에 대해 전병환 위원장은 "소득 법인은 언제든 망할 수 있다는 점을 늘 염두에 두고, 그 피해가 마을에 최소한으로 미칠 수 있도록 사업 내용과 책임을 명확히 하는 것이 중요하다."고 주장합니다.

지속가능한 마을공동체를위하여

"우리 마을은 어떤 조직 형태로 운영하고 발전해 나갈 것인가?" 물론 여기에 대한 정답은 없습니다. 위험을 최소화하기 위해 공동체 삶을 좋아하는 사람도 있고, 자유로운 농촌 마을을 꿈꾸며 간섭을 최소화하는 삶을 지향하는 사람도 있습니다. 마을의 상황과 주민의 이해관계를 잘 진단하고, 함께 모여서 토론하고 합의하는 과정이 가장 중요합니다. 이렇게 노력하는 과정 자체가 주민 갈등을 최소화하고 살기 좋은 마을공동체를 만드는 데 꼭 필요합니다.

한국 사회는 '의(義)'를 중시하고 '정(情)'에 의해 움직인다고 합니다. 특히 농촌 마을은 이러한 요소가 강하여 리더에게 강력한 권한을 주고, 리더 또한 무한 책임을 지는 것이 올바른 덕목이라고 판단하는 경향이 강합니다. 그러나 앞에서 살펴본 여러 조직 유형과 같이 "권한과 책임을 나누는" 것이 주민들의 소속감을 진작하고 참여를 유도하기 위해 가장 중요합니다. 진정한 자유는 조화로운 평등 속에서 얻을 수 있습니다. 사업의 원활한 진행뿐만 아니라, 사업이 실패할 경우에도 책임을 적절히 나눌 수 있는 모델이야말로 지속가능할 것입니다.

모든 주민이 참여하고 적절하게 역할을 분담하여 "모두가 마을의 주인공"이 되는 마을조직 체계를 검토해 보기 바랍니다.

마을재산

도시재생사업과 관련하여 지역 활성화의 성과가 건물주에게만 몰려 결국에는 세입자나 임차인이 마을에서 쫓겨나는 소위 '둥지 내몰림(젠트리피케이션)' 현상에 대한 논의가 활발합니다. 살고 있는 지역 주민이나 문화예술인이 마을 활성화를 위해 열심히 노력하고, 그 성과가 드러날 때쯤이면 결국 본인들이 마을을 떠나게 되는 역설을 극복해야 한다는 주장입니다.

농촌 마을에서도 마찬가지 사례가 우려됩니다. 주민들이 '살기 좋은' 마을로 발전시키면, 누구라도 '살고 싶은' 마을이 되고, 그래서 귀농귀촌인이 많이 찾아와 집과 토지 가격이 올라가는 결과가 이어집니다. 이미 선진지 마을이라는 곳에서 경험한 '불편한 진실'입니다. 원래 살던 주민이 마을을 떠나고, 대신 외지인이 운영하는 펜션이나 가든, 찻집이 늘어나는 일은 우리가 원하는 바가 절대 아닙니다.

이를 예방하기 위해서라도 마을의 토지(특히 농지)는 주민들이 소유하고 관리해야 합니다. 마을규약에도 정하고, 사고파는 정보를 주민 모두가 충분히 공유하여 투기 현상이 나타나지 않도록 사전에 대비해야 합니다. 마을의 공동재산도 어느 정도 있어야 합니다. 또 행정사업으로 건물을 짓거나 현금 소득이 생기면 마을재산으로 잘 관리해야 합니다. 그래야 주민 갈등도 예방할 수 있습니다.

이런 주제는 마을만들기에서 매우 중요한 쟁점이지만 소홀하게 다뤄져 왔습니다. 매우 복잡한 사유 재산권 문제도 걸려 있고, 법·제도와도 연결됩니다. 꼼꼼하게 읽어 보시고 독자 여러분의 마을 상황도 점검해 보시기 바랍니다.

마을재산의 이해와 실태, 그리고 관리 방안

박동진 홍성군 도시재생지원센터 사무국장

마을재산은 마을을 대표하는 자원이자 마을을 구성하는 중요한 요소 중 하나입니다. 마을 주민에게 여러 편의를 제공하는 마을회관은 마을재산의 대표적인 예입니다. 마을의 중요한 자원이지만, 마을재산에 대한 인식과 관리 체계는 미흡한 실정입니다.

마을 주민 스스로 마을재산에 대한 관리 체계를 세우거나 운영 방법을 논의하고 정리하는 경우는 드뭅니다. 대부분 관습적으로 마을재산을 인식하고 있죠. 마을재산의 유지 차원에서 관리 정도는 하지만, 나름의 관리 체계를 계획하여 운영하지는 않습니다. 마을재산의 주인은 주민 공동임에도 불구하고 마을재산 관리를 행정 기관에 미루는 경우도 있습니다.

이 글에서는 마을재산의 개념을 정리하고, 홍성군 마을회관 실태 조사 경험을 바탕으로 체계적인 관리 운영 방법을 제시하려고 합니다. 특히 마을재산의 정리 과정에서 생길 수 있는 소유권 관련 문제를 살펴보고, 이를 해결하는 여러 방법을 제시하고자 합니다. 또 마을재산관리대장의 중요성을 강조하고, 체계적이고 효율적인 관리와 운영을 위해 필요한 법률과 행정의 지원 사항을 안내합니다. 이를 통해 마을재산의 의미와 중요성을 주민 스스로 인식하고 체계적으로 관리할 수 있는 기반이 마련되기를 기대합니다.

마을재산의 성격

마을재산은 주민의 공동 편의와 복지를 위해 마을 명의로 소유하는 재산입니다. 마을회관이나 임야와 같은 부동산뿐만 아니라, 그릇과 같은 동산도 마을재산에 포함됩니다. 마을재산은 마을의 규약에 따라 운용되는데, 그러한 규약이 없다면 마을의 전통적인 관행이나 관례에 따라 마을재산을 운용합니다.

먼저 마을재산의 소유 형태에 대해 알아봅시다. 마을재산은 공동소유의 한 형태인데 정확하게는 민법에 규정된 '총유(總有)'에 해당합니다(민법 제275조). 민법에서는 마을을 '권리 능력 없는 사단(社團)', 즉 일정한 목적에 따라 결합한 집단으로 권리 능력을 갖지 않는 것으로 봅니다. '총유' 형태에서는 소유의 목적이 되는 토지 등 마을재산의 관리와 처분을 마을 자체의 권한으로 하지만, 마을의 구성원들은 일정한 범위 내에서 사용과 수익의 권한만을 갖습니다. 각 구성원인 주민은 지분을 갖지 않기 때문에 분할 청구를 할 수 없습니다. 이런 점이 흔히 우리가 알고 있는 '공유(共有)'나 '합유(合有)'와 다른 차이점입니다([표 1] 참고).

둘째, 마을재산의 운용 방법에 대해 알아봅시다. 마을재산은 마을규약이 있으면 규약이 먼저 적용되고, 규약이 없다면 관행이나 관례가 적용됩니다. 관행조차 없을 때는 민법의 총유 규정이 적용되고, 마지막으로 민법의 사단법인에 관한 규정(민법 제31조 이하)이 적용됩니다. 마을총회 등을 거쳐 마을재산에 대한 명문화된 규약을 만들어 두었다면 그것이 가장 우선되는 운영 원칙이 됩니다.

[표 1] 민법에 규정된 공동소유의 3가지 형태 및 특징

구분	공유(共有)	합유(合有)	총유(總有)
성질	다수인이 인적 결합 관계 없이 2인 이상이 소유 예) 하나의 토지를 여러 사람이 단순히 매수하는 경우	다수인이 공동 목적으로 결합했으나 단체로서 독립성을 갖추지 못한 결합(조합체)의 소유 형태 예) 공장을 함께 경영할 목적으로 여러 사람이 공동으로 토지를 매수하는 경우	권리 능력 없는 사단의 소유 형태 예) 문중 또는 교회가 토지를 매수하는 경우
지분 처분	각자 자유로이 처분 가능 따라서 공유 지분은 독립된 권리	전원 동의로만 가능 따라서 합유 지분은 독립된 형태가 아님	지분 개념 없음
처분 변경	단독 매각 가능	전원 동의로만 가능	총회 결의로만 가능
사용 수익	지분 비율로 가능	계약에 따름	정관, 기타 규약의 정함에 따름
보존 행위	각자 단독으로 가능	각자 단독으로 가능	총회 의결을 통해 가능
관리 행위	지분의 과반수	계약에 따름	총회 결의로만 가능
분할 청구	각자 자유롭게 청구 가능	조합체가 존속하는 한 불가	지분이 없음으로 분할도 있을 수 없음
등기 방식	공유 등기, 지분 기재	· 합유자 전원 명의로 등기 · 합유의 취지 기재	단체 자체 명의로 등기 가능

셋째, 마을재산을 이용할 권리는 어떻게 취득되고 상실될까요. 앞서 말했듯이 마을재산은 총유의 형태이므로 마을 주민은 지분을 갖지 않고 사용과 수익할 수 있는 권리만을 갖습니다(민법 제276조 제2항). 또 마을재산을 이용할 권리는 마을

에 입주해 마을의 구성원이 됨과 동시에 취득되며 다른 곳으로 이주해 마을 구성원의 자격을 잃으면 마을재산에 대한 권리 또한 사라집니다(민법 제277조).

홍성군 마을회관 소유 형태 조사 결과

마을재산의 실제 소유 실태를 알아보기 위해 대표적인 마을재산인 마을회관 소유권에 관심을 갖게 되었습니다. 2017년에 홍성군 343개 마을 중 마을회관이 없는 5개 마을을 제외하고 338개 마을회관 자료를 전수조사했습니다. [표 2]는 마을회관의 소유 형태를 토지와 건축물로 나누어 정리한 것입니다.

조사 결과를 알아보기 쉽도록 소유 방법을 분류하여 표기했습니다. '총유'는 마을회, 노인회 등 마을 명의의 소유를 말합니다. '문중'은 소유 형태상 '총유'이나 조사 목적상 총유라 하지 않고 '문중'이라 표기했습니다. '사유'는 개인이 소유한 경우이고, '공공'은 홍성군 소유를 뜻합니다. '무허가'는 소유의 형태는 아니지만 마을회관 해당 지번에 건축물관리대장이 없는 경우입니다. '임대'와 '아파트'는 소유 형태상 '사유'이지만 이용 형태를 고려하여 표기했습니다.

현재의 소유 형태로 볼 때 온전하게 마을재산이라 판단할 수 있는 경우는 토지와 건축물의 소유가 모두 '총유'인 경우에 해당합니다(76.3%). 그리고 마을재산이라 하기는 어렵지만 여건상 불가피하게 '공공', '아파트' 그리고 '임대'인 경우가 전체의 4.4%로 확인됐습니다. 결국 전체의 80.7%가 마을재산에 해당한다고 볼 수 있습니다.

마을재산으로 등록되어 있는 경우(80.7%)를 제외하고는 소유 형태를 마을재산으로 만들기 위한 개선이 필요합니다. [표 2]에는 마을회관의 소유 형태와 관련한 문제점을 파악하고 동시에 이상적인 개선 방법도 제시했습니다. 이 방안은 한국지역진흥재단에서 발행한《마을공동체 이슈프리즘》12호(전대욱, "지역공동체 소유권과 자산화 전략")에서 소개한 "경남 사천시청의 마을재산 일제 조사를 통한 행정 지도 조치 결과"를 참고하여 정리한 것입니다.

하지만 이 두 가지 방법을 현실에서 적용할 때는 훨씬 복잡할 수 있습니다. 예를 들어 소유 형태가 '합유, 총유'인 경우 합유인 땅을 총유로 바꾸는 것이 가능한지 먼저 확인해야 합니다. 하지만 실제 마을에서 해당 마을회관을 조사한다면 왜 땅이 합유의 형태로 돼 있는지, 과거에 마을에서 바꾸려는 노력이 있었는지, 혹시 바꾸는 데 어려움이 있었다면 무엇이었는지를 확인하는 일이 우선입니다. 그 이후에 '합유'를 '총유'로 바꾸는 것이 어렵다면 거기서 포기하는 것이 아니라, 어떻게 하는 것이 좋을지를 주민들과 논의해야 합니다.

앞에서 조사한 소유 형태도 마찬가지이며, 다른 종류의 마을재산도 마찬가지입니다. 뒤에 사례를 통해서도 논의하겠지만, 마을재산에 문제가 있을 경우 해결책이 하나일 수 없습니다. 마을재산 문제를 주민들이 함께 논의해서 해결해야 하는 이유가 바로 여기에 있습니다.

[표 2] 홍성군 마을회관의 소유권 실태 조사 결과와 개선 방법

분류	소유 형태		개수	개선 방법 제안
	토지	건축물		
1	총유	총유	258	정상(마을재산)
2	임대	임대	3	정상
3	아파트	아파트	7	정상
4	공공	공공	5	정상
5	총유	공공	3	토지 기부 채납 가능 → 공공재산
6	합유	총유	1	토지 소유권을 총유 재산으로 이전 조치 → 마을재산
7	총유	무허가	8	건물 미등재 양성화 → 마을재산
8	총유	사유	2	건물 소유권을 총유 재산으로 이전 조치 → 마을재산
9	사유	총유	29	토지 소유권을 총유 재산으로 이전 조치 → 마을재산
10	사유	무허가	5	토지 소유권을 총유 재산으로 이전 조치, 건물 미등재 양성화 → 마을재산
11	사유	사유	5	토지 · 건물을 총유 재산으로 이전 조치 → 마을재산
12	사유	공공	1	토지 소유권을 총유 재산으로 이전 조치 토지 기부 채납 가능 → 공공재산
13	문중	총유	4	토지 소유권을 총유 재산으로 이전 조치 → 마을재산
14	문중	공공	1	토지 소유권을 총유 재산으로 이전 조치 토지 기부 채납 가능 → 공공재산
15	공유	총유	4	토지 소유권을 총유 재산으로 이전 조치 → 마을재산
16	공유	공유	1	토지 · 건물을 총유 재산으로 이전 조치 → 마을재산
17	공공	총유	1	건물을 시로 기부채납조치 → 공공재산
합계			338	

공유나 합유 형태의 마을재산 찾기

앞의 [표 2]에서 살펴보았듯이 마을재산의 소유 형태가 마땅히 총유로 돼 있어야 하나, 현재 마을재산을 살펴보면 그렇지 못한 경우도 많습니다. 그렇다면 다음과 같은 궁금증이 생깁니다.

1 총유로 되어 있지 않은 마을재산은 마을재산이 아닌가?
2 마을재산이 총유가 아닌 다른 소유 형태라면 어떻게 전환해야 하는가?
3 마을재산을 공동소유로 올바르게 관리하고 운영하는 방법은 무엇인가?

먼저 첫 번째 질문에 대해 논의를 해보고자 합니다. 엄밀히 말하면 '총유 형태로 등록되어 있지 않은 마을재산'은 법적으로 마을재산이 아닙니다. 다만 총유 형태로 등록되어 있지 않더라도 마을재산임을 증명할 문서가 있으면 인정받을 수는 있습니다. 하지만 여기에도 분쟁의 소지가 많아 어려움은 여전히 남습니다. 문서조차 없이 구두로 합의하거나 기억만 있는 경우라면 마을재산으로 인정받기가 쉽지 않습니다.

이러한 어려움과 문제를 사전에 예방하고, 또 마을재산으로 되찾기 위한 경로는 여러 가지가 있습니다. 마을재산이 공유나 합유의 형태일 경우에는 비교적 쉽습니다. 공유자 또는 합유자와의 합의를 통해 총유 형태인 '마을회'로 소유권을 변경하면 되기 때문입니다. 다음에 소개하는 홍성군 장곡면 A마을 사례를 살펴봅시다.

홍성군 장곡면 A마을은 마을회관 뒤편에 마을재산으로 알고 있던 땅(지목은 전)이 있었습니다. 2016년에 마을 공동사업에 활용하려다 보니 그 땅의 명의가 마을 주민 네 사람의 공유로 되어 있음을 알게 되었습니다. 이에 마을회의를 거쳐 소유권을 마을회로 변경하기로 했습니다.

공유로 등기된 소유자 중 세 사람은 마을에 살아계셔서 증여에 대한 승낙을 어렵지 않게 받았습니다. 그런데 소유자 중 한 사람이 사망한 상태였고, 전체 지분의 4분의 1이 자녀 여섯에게 이미 상속되어 있었습니다. 우여곡절을 거쳐 자녀 여섯에게 있던 지분을 한 명의 자녀에게 옮긴 다음, 그 한 명에게서 지분 4분의 1을 증여받기로 했습니다.

상속자 여섯 사람을 모두 찾아가 만나고, 그 땅의 소유권에 대한 유래와 마을회로 명의를 변경할 필요성에 대해 설명했습니다. 토지 소유권과 관련된 문제라서 좋지 않은 시선(이장을 사기꾼 취급)으로 바라보기도 하고, 한 번의 설명으로 되지 않아 몇 번이고 직접 찾아가 이해를 구했습니다. 게다가 상속자 중 한 사람은 제주도에 살고 있어 제주도까지 다녀왔습니다(당시 상속자가 해외에 거주하지 않은 것이 다행이라는 말이 나올 정도였습니다).

이렇게 설명하고 설득하기를 꼬박 석 달이 걸려 한 사람에게 증여를 옮길 수 있었습니다. 이런 과정을 거쳐 땅의 소유권은 마을회로 이전되었습니다. 현재는 해당 토지에 마을 공동의 저온저장고를 설치했고, 나머지 토지도 앞으로 마을 사업에 활용할 계획입니다.

이 사례에서 보듯이 마을재산의 소유권이 마을회가 아니라 공유나 합유로 되어 있을 경우에는 공유자나 합유자 전원의 동의를 받아 증여 형태로 소유권을 가져와야 합니다. 이 경우에는 그 땅이 마을재산이라는 증거가 있었기에 가능했습니다. 또 소유자 중 한 사람이 사망하고 이미 상속도 이루어진 상태였지만, 그나마 국내에 거주하였기에 가능했습니다. 고령화 속도가 아주 빠른 농촌 현실을 고려할 때 하루빨리 마을재산의 체계적인 정리가 필요한 셈입니다.

마을재산임이 분명한데도 왜 마을회 소유로 하지 않았을까 라는 의문이 듭니다. 여러 가지 사정이 있겠지만, 가장 큰 이유 중 하나는 그 마을재산이 '농지'였기 때문입니다. 우리나라 헌법 제121조는 '경자유전' 원칙에 따라 농지의 소유 자격을 원칙적으로 농업인과 농업법인으로 제한하고 있습니다. 또 농지법 제6조 1항에 따르면, 농지는 자기의 농업 경영에 이용하거나 이용할 자가 아니면 이를 소유할 수 없도록 규정하고 있습니다. 물론 농지법에는 예외 조항이 많이 나열되어 있는데, 마을회는 농지 소유의 주체로 여전히 인정되지 않고 있습니다.

[헌법 제121조]
① 국가는 농지에 관하여 경자유전의 원칙이 달성될 수 있도록 노력하여야 하며, 농지의 소작 제도는 금지된다.
② 농업 생산성의 제고와 농지의 합리적인 이용을 위하거나 불가피한 사정으로 발생하는 농지의 임대차와 위탁 경영은 법률이 정하는 바에 의하여 인정된다.
[농지법 제6조(농지 소유 제한)]
① 농지는 자기의 농업 경영에 이용하거나 이용할 자가 아니면 소유하지 못한다.

마을재산으로 전환하는 다양한 경로

그렇다면 실질적으로 마을 소유이지만 명의가 다른 형태로 되어 있는 '농지'의 소유권을 마을로 다시 가져올 수 있는 방법은 무엇일까요?

[그림 1]에서 보듯이 세 가지 경로가 있습니다. 일차적으로 농지의 지목을 '대지 등'으로 변경하는 방법입니다([그림 1]의 ①). 해당 농지에 마을 공동시설을 만드는 목적으로 해당 관청에 농지전용을 신청하여 허가를 받고, 그 다음에 대지나 다른 지목으로 변경하면 농지법의 제한을 받지 않게 되어 마을 소유로 등기를 할 수 있습니다. 하지만 단순히 등기만을 목적으로 마을에서 비용까지 들여 명확한

[그림 1] 마을재산 소유 형태에 따른 마을재산 찾기 흐름도

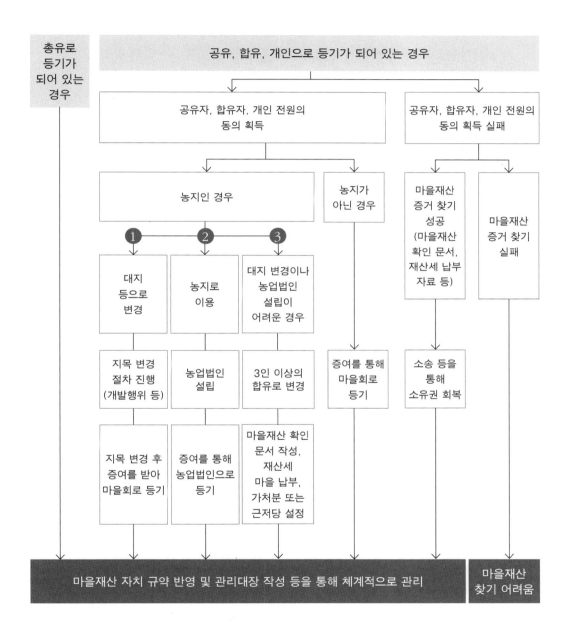

활용 계획도 없는 상황에서 농지를 전용하는 것은 옳은 일이 아닐 것입니다. 크게 필요로 하지 않는 시설을 설치하는 것도 바람직하지 않습니다. 더구나 마을에서 공동재산 관리 차원에서 농지 형태로 계속 보유하려는 경우는 앞의 방법은 적합하지 않을 수 있습니다.

마을재산인 농지의 소유권을 농지 상태로 인정받는 방법은 없을까요? 이 때문에 농지법 개정이 꼭 필요하지만, 당장은 마을에서 농업법인(영농조합법인 또는 농업회사법인)을 만들어 등기를 이전하는 방법이 있습니다([그림 1]의 ②). 하지만 이경우에도 단순히 등기를 옮기기 위해 농업법인을 만들어야 하는 어려움이 따릅니다. 법인의 실질적인 운영이나 관리 등에 책임도 따르기 때문입니다.

그렇다면 이런 방법 외에 농지로 유지하면서 마을재산으로 소유권을 변경하는 효과적인 방법은 없을까요? 마을회로 소유권을 이전하지 않으면서 마을재산으로 '법률적으로 인정받을 수 있는 방법'은 있습니다([그림 1]의 ③). 바로 소유권을 '3인 이상의 합유'로 변경하면서 마을재산이라는 사실을 회의록과 같은 문서로 남기고, 근저당 등을 설정하는 방법입니다.

문서 작성의 예시로 "이 농지는 마을의 편익을 위해 구입한 땅이며, 이 땅이 농지여서 마을회 소유로 하는 것이 불가하다. 그래서 마을 대표자 3인의 공동소유로 하게 됐다."는 사실을 명시하는 것입니다. 그리고 이 내용을 마을회의를 통해 주민에게 알리고 회의록까지 작성해 두면, 다음에 소유권과 관련한 분쟁이 생기더라도 마을재산으로 인정받을 수 있는 길이 생깁니다. 이러한 경우 마을재산인 농지는 마을 대표 몇 명의 공유나 합유로 소유하게 되는데, 이때 해당 농지의 재산세 등을 마을에서 직접 납부하는 것이 중요합니다. 이러한 사실이 소유권에 대한 증거가 되기 때문입니다. 또 다른 방법으로는 공유나 합유일 경우라도 해당 등기에 마을에서 근저당이나 가처분을 신청해 공유자나 합유자가 재산권을 행사하는 데 제한을 두는 방법도 이용할 수 있습니다.

마을재산을 불가피하게 주민 대표 몇 명의 명의로 등기를 해야 할 경우라면, 이왕이면 공유가 아니라 합유 형태로 하는 것이 유리합니다. 공유라는 소유 형태는 지분을 나눠 가지고 있기 때문에 지분의 처분이 자유롭고, 지분을 가진 사람이 사망할 경우 개인 상속이 되는 문제점이 있기 때문입니다. 반면에 합유는 합유자 전원의 동의가 있어야 지분의 처분이 가능하고 또 상속도 되지 않습니다. 그래서 소유자 사망 등에 의한 소유권 변경이나 지분의 처분 등이 염려될 경우, 합유로 등기하면 어려움을 어느 정도 해결할 수 있습니다. 물론 합유의 경우라도 완전한 안전장치가 되지는 않습니다. 예를 들어, 합유자 가운데 한 사람만 남을 경우 그 한 사람 단독 소유가 되기 때문입니다. 그래서 합유자가 한 사람이라도 사망할 경우에는 남은 합유자 전원의 동의를 얻어 합유자를 추가해 둘 필요가 있습니다.

이처럼 마을재산으로 전환하는 경로는 매우 다양하고 복잡합니다. 이를 좀 더 간단하게 흐름도로 정리한 것이 [그림 1]입니다.

마을재산관리대장 만들기의 주체

마을재산의 주인은 당연히 마을 주민 모두입니다. 따라서 마을재산을 소유하고 관리하는 주체도 마을 주민입니다. 물론 행정의 도움이 뒷받침된다면 좋겠지만, 마을재산의 주인이 마을 주민이라는 사실에는 변함이 없습니다. 그렇다면 마을 주민이 주인인 마을재산은 어떻게 체계적으로 관리할 수 있을까요?

일단 마을 스스로 마을재산임을 확인하고 관리할 수 있는 장부를 주도적으로 만들어야 합니다. 마을재산관리대장 만들기는 "마을재산의 주인이 누구인가?"라는 물음에서 시작합니다. 마을 주민이 작성해야 마을재산을 누락하지 않고 기재할 수 있고, 또 직접 관리할 수 있기 때문입니다. 기본 절차는 1 마을회의 개최와 합의, 2 마을재산 조사와 정리, 3 마을규약 개정(반영)과 관리 주체 결정, 4 마을재산 관리와 평가, 정리 등의 순서로 제안할 수 있습니다.

[표 3]은 전국의 지자체가 주도하여 마을재산관리대장을 작성해 배부한 사례를 정리한 것입니다. 몇 가지 공통점이 있는데, 먼저 '소유권 분쟁'이 많이 제기된 최근에야 시작되었다는 점을 알 수 있습니다. 그리고 마을재산의 범위가 마을회관이나 경로당 등 부동산으로 좁게 정리되어 있습니다. 또 향후 관리 주체가 마을주민임을 명확히 하고 있습니다.

[표 3] 지자체가 주도한 마을재산관리대장 작성 사례

구분	배부 시기	사업 사유	마을재산 범위	기재 내용	향후 관리
A군	2016년	소유권 등 분쟁 방지, 사업 추진시 어려움 해결	부동산등기용 등록번호 등록증명서 기준(총유)	부동산등기용 등록번호 등록증명서(마을회 정관, 회의록) 마을회 재산목록 등기부 토지대장 부동산종합증명서 건축물관리대장	주민 자체 업데이트
B군	2015년	재산 관리 효율성 제고	부동산등기용 등록번호 등록증명서 기준(총유)	부동산등기용 등록번호 등록증명서(마을회 정관, 회의록) 마을회 재산목록 등기부 토지대장 부동산종합증명서 건축물관리대장	주민 자체 업데이트

				부동산등기용 등록번호	
C군	2016년	마을재산의 안정적 관리	부동산등기용 등록번호 등록증명서 기준(총유)	등록증명서(마을회 정관, 회의록) 마을회 재산목록 등기부 토지대장 부동산종합증명서 건축물관리대장	주민 자체 업데이트
D시	2015년	소유권 등 분쟁 방지	마을회관, 경로당 기준 소유자 조사	마을재산관리대장 배부 안함 (소유권 실태 조사 후 소유권 정리)	부동산 특별조치법 등 시행되면 추후 변경 노력
E군	2012년	소유권 등 분쟁 방지	마을에서 직접 작성 [군 초안 작성 → 마을에서 보완] (마을회관, 경로당, 농지)	토지대장 건축물관리대장 토지이용계획확인원 등기부등본 홍보물 등	필요한 경우 개별적으로 업데이트
F군	2013년	소유권 등 분쟁 방지	마을회, 영농회 등 비법인 소유의 공동재산	토지대장 지적도 건축물관리대장 등	주민 자체 업데이트
G시	2014년	재산권 행사의 어려움	마을 신청(주민센터에서 신청 받음) 및 재산세 목록 등을 검토하여 작성 (마을회관, 경로당, 농지)	토지대장 지적도 건축물관리대장 등기부등본 홍보물 등	필요한 경우 개별적으로 업데이트
H군	2015년	소유권 등 분쟁 방지	마을회, 영농회 등 비법인 소유의 공동재산	토지대장 지적도 건축물관리대장 등기부등본 등	주민 자체 업데이트
I군	2014년	소유권 등 분쟁 방지	마을회, 영농회 등 비법인 소유의 공동재산(주민 요구시 개인 명의도 해 줌)	토지대장 지적도 건축물관리대장 등기부등본 등	필요한 경우 개별적으로 업데이트

결국 지자체가 주도하는 경우에는 시간과 재원 등의 여러 여건상 마을재산을 총유 재산으로 한정하거나, 행정에서 전산으로 쉽게 파악할 수 있는 몇 가지 부동산에 한정되기 쉽습니다. 하지만 앞서 마을재산을 정의하면서 살펴봤듯이 마을재산의 범위와 종류는 매우 넓고 다양합니다. 지자체에서 모든 종류의 마을재산을 파악하기는 어렵습니다. 따라서 마을재산을 꼼꼼히 살피고 마을재산관리대장을 만드는 일은 마을 주민이 직접 하는 것이 가장 바람직합니다.

홍성군 홍동면 반교마을의 마을자산대장 사례

마을자산대장을 만들어 관리하고 있는 홍성군 홍동면 반교마을의 사례를 조OO 이장과의 인터뷰 내용을 중심으로 소개하고자 합니다. 반교마을은 '마을재산'이라는 용어 대신에 '마을자산'이라는 용어를 씁니다. 그 이유는 마을의 자본과 부채를 함께 인식하기 위해서라고 합니다. 아래 내용에서는 마을자산이라는 용어를 쓰겠습니다.

반교마을은 2017년에 처음 자산관리대장을 만들었습니다. 행정이 지원하는 마을 사업을 통해 마을자산이 계속 증가해 이를 효율적으로 관리하기 위해서라고 합니다. 그래서 주민들과 논의하여 마을자산을 조사하고 기록한 마을자산대장을 만들었습니다. 또 이와 동시에 마을규약을 정비하여 마을자산을 관리할 근거를 마련했고, 자산관리위원회를 두어 이를 전담하도록 했습니다.

반교마을의 자산관리대장 항목은 크게 1 건물, 2 토지, 3 기계, 4 공구, 5 기구, 6 비품, 7 구축물, 8 입목 등 여덟 가지입니다. 여기서 몇 가지 특이한 항목이 있는데, 우선 '공구' 항목입니다. 마을 동아리를 운영하면서 여러 가지 공구가 늘어났는데 이를 지속적으로 관리하기 위해 자산관리대장에 넣었습니다. '구축물'은 마을의 이정표나 데크 등을 말합니다. 마을 당산나무와 같은 '입목(立木)'도 마을자산에 포함시켰습니다. 이처럼 마을재산은 정해진 항목이 있다기 보다 마을의 필요에 따라 항목을 새로 만들 수도 있습니다.

여덟 가지 항목은 각각 표제부와 세부 대장으로 나뉘어져 있습니다. 표제부에는 세부 항목별로 기본 사항을 일목요연하게 적었습니다. 예를 들어, 건물의 경우 표제부에는 소재지, 소유자, 관리인 등을 적고, 세부 대장에는 각 자산의 세부 내용을 확인할 수 있습니다.

마을자산대장 작성에는 재물조사표도 활용합니다. 재물조사표에 마을자산의 품명, 관리 번호, 취득 일자, 조사 일자 등을 표시하여 마을자산대장과 대조할 수 있도록 했습니다. 이처럼 재물조사표를 별도로 두는 이유는, 비품 등은 이동이 용이하여 잃어버리거나 임의 처분이 염려되기 때문입니다.

반교마을은 마을자산을 체계적으로 관리하기 위해 마을규약도 정비했습니다. 마을규약에 자산 관리 항목을 따로 마련하고 마을자산의 범위와 마을자산대장의 작성 및 공개 의무, 재물조사 시기 등 마을자산과 관련된 기본 사항을 정하고 있습니다. 또 마을에 자산관리위원회를 별도로 두어 세부 내용을 협의해 결정합니다. 그래서 마을규약에 세세하게 적혀 있지 않아도 마을자산 관련 일을 처리하기에 어려움이 없습니다.

반교마을 조○○ 이장은 마을자산 관리와 관련하여 다음과 같은 당부를 했습니다. "사실 마을자산 관리는 어렵고 많이 번거로운 일입니다. 하지만 마을에서 꼭 해야 하는 일이죠. 처음 마을자산을 정리할 때에는 시간도 많이 걸리고 어려움이 따릅니다. 하지만 마을자산을 한번 잘 정리하면 마을에서 생길 여러 갈등과 문제를 미연에 방지할 수 있습니다."

마을회가 농지를 소유할 수 있도록 농지법 개정 필요

마을재산과 관련하여 법률적으로 보완이 필요한 부분이 여럿 있습니다. 무엇보다 마을회가 농지를 소유할 수 없다는 농지법 규정은 다시 검토해야 합니다. 지금의 마을재산 가운데 농지가 공유나 합유 형태로 되어 있는 이유는 헌법(경자유전 원칙)과 농지법(농지 소유는 농업인과 농업법인으로 제한)에 근거합니다. 경자유전 원칙은 농지의 소유자와 경작자를 일치시켜 농지의 생산성을 극대화하자는 이상을 실현하기 위한 것입니다. 그리고 농업인이 아닌 사람이 불법적으로 농지를 소유하거나 무분별한 개발, 투기를 막는 목적도 있습니다.

이러한 원칙에 비추어 볼 때, 농업 활동이 주된 경제 기반인 농촌에서 마을 공동의 목적으로 농지를 주민들이 함께 경작하는 일은 잘못이라 보기 어렵습니다. 오히려 마을회관의 전기료조차 감당하기 어려운 농촌 현실을 감안할 때, 마을 스스로 자생하기 위해서는 경제적 기반이 꼭 필요합니다. 마을 공동의 농지를 소유하고 경작하는 행위는 매우 자연스러운 공동체 활동입니다. 여기에 행정이 적극 도움을 주어 농촌과 농민을 살리는 데 보탬이 되는 일은 경자유전의 원칙을 실현하는 길과 대립되지 않습니다.

역사적으로 농지법이 바뀌어 온 과정을 감안하면 '마을회의 농지 소유'가 현실적으로 어려운 일만은 아닙니다. 경자유전의 원칙 안에서 농지 소유에 유연한 입장을 보이고, 단서 조항을 통해 계속 완화해 왔기 때문입니다. 2003년부터 시행된 '주말농장' 제도가 대표적인 예입니다. 주말농장은 "비농업인이 농지를 주말, 체험 영농 등의 목적으로 취득하고자 하는 경우에 세대당 1,000제곱미터(약 300평) 미만의 범위에서 취득"할 수 있도록 완화했습니다.

농촌 마을회가 농지를 소유하고 관리하도록 허용한다면, 경자유전 원칙을 지키면서 공동의 소득 기반으로 활용할 수 있고, 경제적 기반이 취약한 청년 귀농인들에게 우선 임대해 줄 수도 있습니다. 마을회를 구성하는 주민 가운데 농업인의 비율, 마을회가 소유할 수 있는 농지의 면적과 위치(마을 내 또는 주변), 그리고 마을회가 농지를 소유하려는 목적 등을 농지법 조항에 명시한다면 충분히 도입할 수 있을 것입니다.

더 많은 심층 연구와 사례 만들기

마을재산 관리와 관련하여 행정의 지원도 필요합니다. 물론 마을재산관리대장은 주민이 주도하여 작성하고 관리하는 것이 원칙입니다. 하지만 주민에게 마을재산관리대장 작성의 필요성을 알리고 설득하는 일, 그리고 관리 역량을 키워주는 일 등은 공공 기관의 의무이기도 합니다. 마을재산관리대장과 관련된 교육 프로그램을 개발하고, 마을 주민 스스로 마을재산을 확인하고 자율적으로 관리할 수 있도록 교육의 장을 만드는 일은 매우 시급한 과제입니다.

한국 현실에서 마을재산에 대한 연구는 너무 부족하고, 관련 정책도 거의 전무한 상태입니다. 이 글은 현장 조사 경험을 토대로 마을재산 관리의 중요성과 필요성, 그리고 향후 방향 등을 제안하는 첫 시도인 셈입니다. 앞으로 이와 관련된 심층 연구가 계속 이루어져야 합니다. 또 '주민 주도 마을재산관리대장 만들기' 사례도 훨씬 많아져야 합니다. 이를 바탕으로 마을자치가 실현될 수 있는 경제적 기반이 튼튼해지고, 마을 내부 갈등도 미연에 방지할 수 있을 것입니다.

조고각하(照顧脚下)라는 말이 있습니다. "칠흑 같은 산길에서 앞을 밝히던 촛불이 꺼진 순간에 가장 먼저 해야 할 일은 자기 발밑을 살피는 것"이라는 뜻입니다. 어쩌면 어려운 농촌 마을 현실에서 우리가 가장 먼저 해야 할 일은 우리 가장 가까운 곳부터 살피는 일일 것입니다. 마을재산은 마을공동체 활동의 가장 기본이자 새롭게 나아갈 근간이 되는 중요한 자원입니다. 마을재산을 잘 정리하고 관리한다면 마을에 새로운 기회가 올 때 그 기회를 잡을 수 있는 힘이 될 것입니다.

마을현금자산의 합리적 관리 방법

노정기 다기능농업 경영법률연구소 소장

마을회의에서 다툼이 많은 이유는?

필자는 기업에서 정년퇴직 후 2006년 3월 전북 진안군 백운면에 있는 백운나들목체험관의 마을간사로 일했습니다. 마을 대소사를 살피고, 체험관에 오는 방문객 안내를 주로 맡았습니다. 마을회의가 열리는 날에는 회의장을 정리하고 회의록도 작성했습니다. 회의를 잘 마칠 때도 있지만 의견 상충으로 원만하게 끝내지 못할 때도 많았습니다. "마을회의가 잘 안 되는 이유는 무엇일까? 해결 방법은 없을까?" 이런 고민을 털어놓으니 사실 모든 마을의 애로사항이라는 것을 알게 되었습니다.

대개는 마을의 약속인 규약이 없거나, 있어도 실제 적용하기 어려운 내용이 많습니다. 또 마을회의에서 의견 충돌이 가장 심하게 드러나는 문제는 바로 금전 때문이었습니다. 그래서 이런 문제를 해결해 보고자 농촌 마을에 적합한 규약을 만들기 위해 자료를 수집하고, 규약 안을 만들어 토론하고 이웃 마을에 보급하는 일도 했습니다. 이런 경험이 쌓이다 보니 외부 강의도 자주 하게 되었습니다. 이 글에서는 마을의 현금자산을 어떻게 관리하는 것이 좋을지에 대해서만 간단하게 제안하고자 합니다.

농촌 마을의 예금통장 명의는?

대부분의 농촌 마을은 공동재산인 현금자산을 1천만 원 내외 가지고 있는 것으로 추정합니다. 많게는 억대 이상인 경우도 있는데, 이들 현금자산은 대부분 농협에 예치하고 있습니다. 1993년 8월, 금융실명제 실시 이후에 모든 예금은 실명으로 통장을 만들어야 합니다. 이 때문에 예금주 명의를 이장이나 총무 또는 회계 담당자 등 개인 이름으로 하는 경우를 많이 봅니다. 하지만 마을 공동재산임에도 개인 명의로 하다 보니 여러 문제점이 생깁니다. 예를 들어, 예금 명의자가 사망해 상속인이 예금의 소유권을 주장하거나, 부도 등으로 채권자가 예금을 압류하는 일이 생길 경우 마을재산이 송두리째 없어질 수 있습니다. 그래서 미리 이와 같은 일을 예방할 필요성이 있습니다.

좀 오래전 일이지만, 2009년 6월 22일에 농협중앙회 농촌사랑지도자연수원에서 '2009년도 제2기 마을지도자 심화 과정'으로 전국에서 모인 농촌 지도자 52명을 대상으로 '마을자치 규약 제정 방안'을 주제로 강의를 했습니다. 이 강의에서 마을의 운영 실태를 파악하기 위해 설문조사를 했는데, 그 가운데 마을의 예금통장 명의가 누구인지를 조사했습니다. 그 결과는 아래 [표 1]과 같습니다.

조사 결과, 마을 예금통장의 명의는 70% 이상이 마을 주민 개인이었습니다. 법인이나 임의단체 명의는 전체의 30%가 되지 않습니다. 지금은 많이 나아졌겠지만, 전국 농촌 마을을 다녀 보면 여전히 마을 명의로 금융 거래를 하지 않는 경우가 많습니다. 시급하게 정비해야 할 과제임에 틀림없습니다.

[표 1] 마을의 예금통장 명의(농촌사랑지도자연수원 2009. 6. 22)

번호	예금통장 명의	숫자	비율(%)
1	마을 주민(이장, 총무 등)	37	71
2	법인 명의(마을회 등)	11	21
3	임의단체(금융실명제법)	3	6
4	모름	1	2
합계		52	100

마을의 법적 지위와 금융실명제

민법 제33조(법인 설립의 등기) 규정에 따르면, 마을 주민이 모인 단체인 '마을회'는 관할 관청에 설립 등기를 하지 않았기 때문에 법적 권리의 주체가 될 수 없습니다. 그대로 적용하자면, 마을 명의로 금융 거래를 할 수 없다는 뜻이기도 합니다. 하지만 각종 법률에서는 마을회와 같은 단체를 '권리 능력 없는 사단(社團)'으로 규정하여 제한적으로 권리의 주체가 될 수 있는 길을 열어 두고 있습니다.

여기서 '권리 능력 없는 사단'이란 "사단으로 실질(사람의 집합)은 갖추고 있으나 법이 요구하는 요건을 갖추지 않아 법인격을 취득하지 못한 사단"을 말합니다. 즉 법인은 법률의 규정에 따라 소정의 절차를 거치면 성립하는데, 이러한 절차를 거치지 않으면 '권리 능력 없는 사단'이 되는 셈입니다. 법원 판례가 인정한 '권리 능력 없는 사단'으로는 종중이나 교회, 동(洞), 리(里), 자연 부락 등이 있고, 이외에도 친목계, 불교 단체, 등록되어 있지 않은 사찰 등도 이에 속합니다.

「금융실명법」 제3조 제1항에서는 "금융회사 등은 거래자의 실지 명의(이하

"실명"이라 한다)로 금융 거래를 하여야 한다."고 규정하고 있습니다. 법인이 아닌 단체는 "단체를 대표하는 자의 실지 명의를 확인할 수 있는 증표·서류(시행령 4조의2 1항3)"를 확인하도록 합니다. 다만, 「부가가치세법」에 의하여 고유번호를 받았거나 「소득세법」에 의하여 납세번호를 받은 단체는 그 문서에 적힌 단체명과 고유번호 또는 납세번호를 실지 명의로 한다고 단서 조항을 달았습니다.

「국세기본법」 제13조 제1항에서는 '법인이 아닌 사단, 재단, 그 밖의 단체 외의 법인 아닌 단체를 규정'하고 제2항에서는 아래의 요건을 갖춘 단체가 세무서장에게 신청하여 승인을 받은 것도 '법인으로 보아 이 법과 세법을 적용한다'고 하였습니다.

1 사단, 재단, 그 밖의 단체의 조직과 운영에 관한 규정을 가지고 대표자나 관리인을 선임하고 있을 것.
2 사단, 재단, 그 밖의 단체 자신의 계산과 명의로 수익과 재산을 독립적으로 소유·관리할 것.
3 사단, 재단, 그 밖의 단체의 수익을 구성원에게 분배하지 아니할 것.

그러므로 마을회 명의로 금융 거래를 하고자 한다면 「국세기본법」에서 정한 위의 세 가지 요건을 갖추면 가능합니다. 다시 말해 「부가가치세법」에 따라 마을회 이름으로 세무서를 방문하여 사업자등록 신청(개인사업자용, 법인이 아닌 단체의 고유번호신청서)을 하고 고유번호증을 받으면 마을회 명의로 금융 거래를 할 수 있습니다.

여기서 고유번호증은 수익사업을 하지 않는 조직이 받는 일종의 '사업자등록증'에 해당합니다. 이렇게 고유번호를 받아 은행에 내면 마을회 명의로 통장을 만들 수 있고, 증빙을 위한 계산서나 간이 영수증도 발행할 수 있습니다. 나중에 수익 행위를 하고자 하는 경우에는 세무당국에 '수익사업 개시 신고'를 통해 사업자등록증으로 교체해야 합니다.

마을회 명의로 금융 거래를 하는 방법과 절차

「금융실명법」 시행에 따라 마을회 명의로 금융 거래를 하는 방법에 대해 정부에서는 아래 두 가지 방법을 제시합니다.

첫째, 마을회 이름으로 고유번호증이나 납세번호증이 있는 마을은 '고유번호증 원본 또는 납세번호증 원본'과 대표자의 실명확인증표를 제출하면 간단하게 처리할 수 있습니다.

둘째, 대표자(회장, 총무, 간사 등)의 실명확인증표와 임의단체 확인 서류로 단체 정관 또는 조직과 운영에 관한 규정, 대표자임을 입증할 수 있는 서류(등록증, 회의록, 의사록 등), 조직 구성원 명부 등의 서류를 금융 거래 시 제출하면 마을회 명의로 금융 거래를 할 수 있습니다.

마을의 현금재산을 안정적으로 관리하기 위해서는 위의 첫 번째 방법을 권합니다. 그래야 마을회 예산을 투명하게 관리하고, 마을회비나 행정사업 예산 입출금도 공식성을 지닐 수 있습니다. 또한 이제 모든 행정사업은 마을회 명의의 대표통장을 의무적으로 요구하기에 반드시 필요합니다.

세무서에서 고유번호증을 받을 때에는 아래와 같은 서류를 준비해야 합니다.

1 발급 신청서(세무서에 있습니다)

2 마을회 조직과 운영에 관한 규정(규약, 정관, 회칙 등) * 회원 명단 첨부

3 대표자 신분증

4 대표자임을 확인할 수 있는 서류(등록증, 회의록, 의사록 등)

5 임대차계약서 사본(사업장 임차 시)

6 대리인 신고 시에는 위임장, 대표자 신분증 사본, 대리인 신분증

7 단체 직인

고유번호증을 받은 다음 은행에 가서 통장과 공인인증서를 발급받으면 됩니다. 행정사업용 통장일 경우에는 은행 방문 시 고유번호증과 함께 공문 사본을 함께 가져가야 할 수도 있습니다.

현금자산의 안전한 입출금 방법

마을재산은 크게 현금과 현물(건물, 농기구, 사무용품 등)로 구분할 수 있습니다. 현물보다 현금자산은 늘 주목의 대상이 되기에 더욱 꼼꼼하게 관리해야 합니다. 현금 관리 담당자가 전문 회계 지식을 갖추지 않고 처리하면, 수입과 지출을 정당하게 했음에도 장부 기록에서 지연이나 누락 또는 오기 등으로 갈등이 생기기 쉽습니다. 회계 담당자를 포함하여 마을회 임원이 주민으로부터 회계 처리에 관한 신뢰를 얻지 못하면 마을 사업 자체가 지체되거나 갈등이 생기는 경우를 많이 봤습니다. 그래서 마을 회계 담당자는 기초 교육을 받아야 하고, 또 행정이나 중간 지원조직에서 이런 기회를 적극 제공해야 합니다.

마을회 명의 통장에서 입출금할 때에는 기업 방식에서 배울 점이 있습니다. 마을회 내부 결재 절차를 정하고 현금 입금서와 출금서를 담당자(총무), 위원장, 이장 등의 결재를 거쳐 집행한 다음, 기일을 정해 감사의 확인을 정기적으로 받는

것입니다. 물론 입금서와 출금서에는 영수증, 공문, 회의록 등의 증빙 서류를 첨부해야 합니다. 상세한 내용이 필요하다면 그 내용을 꼼꼼하게 기록합니다. 금액 규모에 따라 전결 규정을 둘 수도 있습니다. 감사는 일반적으로 회기가 종료되는 연말에 한 번 감사를 하는 경우가 많은데, 금전에 관한 증빙은 감사가 정기적으로 (매월 또는 분기별 1회) 할 필요가 있습니다. 시간이 지나면 기억이 잘 안 나는 경우가 있고, 증빙 서류를 갖추는 데 애를 먹을 수도 있기 때문입니다.

또한 결재를 할 때에는 결재 일자를 결재 칸 아래에 기록하면 사후 책임 소재를 명확하게 할 수 있습니다. 집행 금액이 많지 않다 하더라도 모든 입출금에 대해 담당자, 책임자, 최종 결재권자, 감사 모두 결재하는 것이 마을 주민의 의심을 사지 않는 방법입니다. 회계 보고는 임시총회와 연말 결산을 하는 정기총회로 연간 2회 할 것을 제안합니다.

실무적으로 현금의 입출금을 정확하게 처리하는 방법으로 다음과 같은 방식을 도입하는 것을 제안합니다.

첫째, 영수증 한 장마다 장부에 한 줄씩 기록합니다. 적은 금액의 영수증이라도 반드시 한 건으로 정리해야 합니다.

둘째, 예금통장도 장부와 똑같이 정리합니다. 예금통장에도 가능하면 장부와 같이 내용을 구체적으로 기록합니다. 행여 장부와 통장이 파손되거나 분실되었을 경우에도 예금통장에 내용과 금액이 인쇄돼 있기에 복원이 가능합니다.

셋째, 장부와 예금통장의 기록 순서도 동일하게 맞춥니다. 결론적으로 영수증 한 장마다 장부에 기록하고, 장부 기록을 통장과 순서까지 같게 만들어 회계의 투명성과 정확성을 확보해야 마을공동체 활동에서 갈등을 막고 마을회의도 원활하게 진행할 수 있습니다.

마을공동체의 활동이 지속되기 위한 전제 조건의 하나로 마을현금자산의 투명한 관리는 아무리 강조해도 지나치지 않습니다. 처음에는 어렵고 불편하지만, 평소에 이런 훈련을 반복하는 마을이라야 행정사업도 무리 없이 집행할 수 있고 일정한 성과를 낸 뒤에도 지속할 수 있다는 점을 거듭 강조하고 싶습니다.

보령시 청라면 음현리(은고개마을)의 마을재산 관리

장윤수 충남마을만들기지원센터 연구원

    충남 보령시 청라면 음현리는 '은고개마을'이라는 애칭으로 유명합니다. 2017년 농식품부가 주관한 행복마을콘테스트에서 동상을 받기도 한 은고개마을은 마을회관 부지와 건물, 아파트, 양잠조합 등 다양한 마을재산을 갖고 있습니다.

    이 글에서는 은고개마을의 마을재산 관리 실태를 집중적으로 조명하는 한편, 바람직한 마을재산 관리를 어떻게 할 수 있는지 심도 있게 살펴보고자 합니다. 다음은 은고개마을 권영진 추진위원장과 2017년 12월에 은고개마을 마을회관에서 인터뷰한 내용을 정리한 것입니다.

Q. 먼저 은고개마을의 조직을 간략하게 소개해 주세요.

    은고개마을은 이장과 별도로 마을 회장을 두고 있습니다. 이장은 행정적인 역할을 맡고, 마을 경제사업은 양잠조합법인에서 맡고 있어요. 이외에도 노인회, 부녀회, 청년회 등이 모여 마을총회를 구성합니다. 보령의 다른 마을은 이장과 개발위원장을 겸직하는 경우가 많은데, 저희 마을은 분리해 운영하고 있습니다(개발위원장은 공석). 인구가 줄고 고령화돼 마을 규모가 축소되는 상황이지만, 이장과 회장을 분리하는 것이 타당하다고 판단했습니다.

Q. 마을 명의 공동재산은 무엇이 있나요?

저희 마을은 마을만들기 활동을 하면서 쌓은 경험을 바탕으로 조직을 정비했습니다. 최근 3년간은 마을재산 관계나 정관 등의 체계도 잡았구요. 일반적으로 마을마다 공동으로 소유하는 산이나 이장이 마을을 위해 봉사하는 대가로 쓰게 해 주는 전답과 같은 마을재산이 있는데, 음현리에는 특별하게 전해지는 이야기가 없습니다. 연세가 많은 어르신들도 들어본 적이 없다 하세요. 아마도 일제 시대에 이미 행정의 공유재산으로 전환하거나 해체된 것으로 보입니다.

현재 '음현리마을회' 명의의 마을재산으로는 마을회관 부지와 건물, 아파트 한 채, 잠사 건물 부지 등 4종이 있습니다. 대천 시내 아파트는 3년 전 한국전력에서 마을에 나온 송전법 특별 지원금 1억 5천 5백만 원으로 매입했습니다. 지원금의 용도를 두고 마을회의에서 토론한 결과, 향후 노인요양원 설립을 위한 자본금으로 쓰기로 하고, 당분간은 아파트 월세 수입을 얻는 방식을 선택했습니다(지금은 송전법 특별 지원금으로 부지나 건물 매입은 못하게 되어 있습니다).

마을회관 부지는 20여 년 전에 개인 소유의 논을 마을 돈으로 매입한 것입니다. 대지로 용도를 전환하고, 마을회관 건물도 마을 돈으로 지은 다음 마을 명의로 등기했습니다. 마을회관 옆 잠사 부지도 마을에서 매입했어요. 그리고 향후 잠사 부지에 창조적마을만들기사업 일환으로 도농교류센터를 지을 예정인데, 이것도 마을회 소유가 될 예정입니다. 이렇게 마을회 명의의 재산을 정리하고 체계를 잡은 것은 최근 3~4년 사이의 일입니다. 제가 위원장으로 2012년에 취임하고 마을 활동을 본격적으로 시작하면서 마을재산 관리와 체계적인 운영을 위해 음현리 마을회 명의의 고유번호증과 각종 등기부등본, 등기권리증도 함께 마련했습니다.

음현리는 예로부터 평산 신씨 집성촌으로, 대종손이 대부분의 마을재산을 관리해 왔습니다. 마을회관 부지를 매입할 때도 대종손이 주도해 주민들 돈을 걷어 매입했다고 합니다. 그런데 매입 과정에서 명확하게 구획을 나누지 않고 대략 눈으로 가늠해 정했다고 합니다. 최근 등기 과정에서 지적도를 측량할 때 분쟁이 생기기도 했습니다. 부지 판매자의 주장과 대지로 전용된 필지 사이에 괴리가 생긴 것입니다. 그러나 마을회의에서 원만한 합의를 통해 잘못된 부분을 바로잡았습다.

Q. 마을에서 설립한 보령양잠영농조합법인은 어떤가요?

영농조합법인을 추진하는 과정에서 대한잠사회의 자문을 받았습니다. 법인 이름에 '음현리'를 넣으려고 했는데, 대한잠사회에서는 보령시 전체를 관할하는 이름을 추천하더군요. 그래서 '보령양잠영농조합법인'이 되었습니다. 보령시에서 누에 농사짓는 분들 모두 이 조합의 조합원이 되도록 하는 것이 향후 발전 가능성이 있다는 이유였습니다.

법인에는 음현리 마을 주민 80%가 가입했고, 이장을 포함한 이사 다섯 명과 감사 한 명 모두 마을 주민입니다. 영농조합법인 형태를 가졌지만 마을기업인 셈이고, 법인의 재산도 마을재산이라 볼 수 있습니다.

영농조합법인 재산으로는 먼저, 892제곱미터 가량의 논이 있습니다. 조합 설립 당시의 출자금으로 매입했습니다. 이 논은 과거 저수지가 만들어지는 과정에서 농지 확장 차원의 농업진흥지역(농업진흥구역)으로 지정돼 앞으로도 대지로 전용할 수 없습니다. 이번에 창조적마을만들기사업을 추진하면서 농축산 용도

시설 허가를 받아 해당 논에 잠실을 짓게 되었습니다.

마을 뒷산의 문중 땅 약 4천 6백 제곱미터를 임차해 뽕나무 단지를 조성했는데, 이것 또한 마을재산입니다. 임차 기간은 10년인데, 3년은 무상이고 7년은 유상으로 임대했습니다. 임대료는 '땅 한 마지기 기준에 쌀 한 가마'를 적용해 매년 78만 원으로 정했고, 2016년부터 지불하고 있습니다.

이 임차권도 영농조합법인의 재산이고, 마을재산이라 할 수 있습니다. 뽕나무 1만 6천여 그루를 심었는데, 심을 당시 시가는 그루당 3천 원씩 총 4천 8백만 원 정도였습니다. 이 비용은 행정사업비를 지원받아 마련했고, 세무서에서 자본금으로 인정을 받았습니다. 조합 출범 당시 자본금은 현금 4천여 만 원을 포함하여 총 1억 원이었습니다.

Q. 마을의 현금재산은 어떻게 되나요?

해마다 고정으로 들어오는 수입은 아파트 월세 660만 원(매월 55만 원×12월)과 송전선로 지원금 1,000만 원이 있습니다. 송전선로 지원금은 5대 5로 분배해 절반은 각 가구의 전기료 감면 혜택을 주고, 나머지 500만 원으로 매년 마을 공동사업을 진행합니다. 올해 초에 마을 현금재산 현황을 살펴보니 마을회 명의로 약 1,700만 원, 부녀회 약 650만 원, 노인회 약 860만 원(정기예금 480만 원 포함), 양잠조합법인 180만 원 등 대략 3,300만 원으로 집계됐습니다. 이외에도 민박 사업 수입 잔액 54만 원도 있구요. 각 조직별로, 사업별로 통장을 별도 관리하고 있는데, 일부는 개인 명의 통장도 있습니다.

노인회에는 두 가지 예금통장이 있습니다. 하나는 고유번호증이 있는 대한노인회 음현리 경로당 명의 통장이고, 다른 하나는 노인회 총무 개인 명의 통장입니다. 대한노인회 지원금이나 지자체 지원금 등 공식적으로 들어오고 사용하는 돈은 고유번호증이 있는 통장을 쓰고 있습니다. 반면에 마을 초상을 치르며 쌓이는 돈이나 개인 후원금 등은 수월하게 관리하기 위해 노인회 총무 개인 명의 통장을 활용합니다. 개인 명의 통장은 노인회 명칭을 부기하는 방안을 검토 중입니다.

Q. 현재 마을만들기사업은 어떤 단계에 있나요?

현재 음현리 마을은 농식품부 지원으로 창조적마을만들기사업을 진행하고 있습니다. 올해 컨설팅이 끝나고 내년부터 본격 착공에 들어갑니다. 현재의 잠실 부지에 도농교류센터를 건립하고, 잠실 건물은 조합 소유 부지로 옮길 예정입니다. 도농교류센터 부지와 건물은 마을회가 소유하게 되는데, 운영의 효율성을 위해 별도로 사업자 등록을 할 계획입니다. 마을기업인 양잠조합법인이 하는 것이 좋겠다는 컨설팅사의 의견이 있었는데, 저수지 주변이라 식당 허가를 내야 하기에 별도 사업자 등록을 하기로 정리했습니다. 여기서 식당과 카페 등을 희망하는 마을 주민들이 참여해 운영할 예정입니다. 매출액의 10%를 마을회에 환원하기로 마을회의에서 결정했습니다. 누가 참여하고 어떻게 운영할지는 협의 중입니다.

Q. 마을재산 결산과 공개는 어떻게 하나요?

마을재산은 매년 상하반기를 나눠 주민총회 때 공개합니다. 상반기는 6월까지 결산을 마쳐 7월 주민총회 때 공개하고, 하반기 12월 말 기준 결산은 이듬해 음력 정월대보름에 열리는 주민총회에서 공개합니다. 결산서는 부녀회나 노인회 등 각 조직에서 개별적으로 정리해 옵니다. 지금과 같은 체계가 잡힌 것은 2015년부터라 할 수 있습니다. 그전에는 모두 수기로 결산서를 준비했는데, 지금까지도 각 조직별로 자료를 잘 보존해 오고 있습니다.

하지만 각 조직별로 따로 결산을 진행하기에, 마을재산이 전체적으로 어떻게 변화하고 있는지 파악하기가 불편합니다. 그래프도 그려 보려면 통합된 결산 체계가 마련되어야 하는데, 앞으로 더욱 발전하리라 생각합니다.

2013년 2월 25일 정기총회에서는 예전의 마을규약을 전면 개정해 새로운 정관을 확정지었습니다. 그러면서 마을 이름도 '은고개마을'로 바꿨지요. 음현리라는 이름의 뉘앙스가 어두워 은고개마을로 바꾸었습니다. 아직까지 건축물관리대장 등에는 음현리로 표기되어 있는데 앞으로 이 부분도 변경할 계획입니다.

새로운 마을규약에는 새로 이사 오는 주민에게 받는 마을회 가입금을 50만 원으로 정했습니다. 강제 사항은 아닙니다. 마을회 공동재산으로 약 10억 원이 있는데, 이에 대한 분쟁을 사전에 막기 위해 가입금을 받기로 한 것입니다.

마을회 가입은 세대당 대표 한 사람이 하는 것으로 정했는데, 실제 투표권은 주민등록상 성년이면 모두 다 동등하게 갖습니다. 투표권에 대해 주민 모두 갖는 것과 세대당 1표를 갖는 것에 대한 논의를 별도로 하지는 않았지만, 향후 검토할만한 사항이라 봅니다. 세대원이 많은 가구에서 투표권을 유리하게 행사할 가능성이 있기 때문입니다.

마을재산 관리에 관한 규약 역시 큰 틀에서 마을회 정관에 포함돼 있습니다. 정관에 따르면, 마을재산은 마을회 회장이 총괄하여 관리합니다. 이장은 행정적인 일 처리만 담당하고, 마을 총무는 이장과 협의하여 마을회비를 관리합니다. 마을회장의 권한을 이장과 분리시키고 상호 견제와 협조를 할 수 있도록 한 셈입니다.

권영진 위원장은 마을회의 재산은 민법상의 '총유'로 파악하고 있고, 마을에서 이사를 나가면 권리가 자동적으로 없어지는 것으로 이해합니다. 양잠조합법인도 마을 주민의 80%가 가입했고, 지금도 조합원 중 주민 비율이 65~70%라 마을 공동소유의 성격이 강한 것은 분명합니다. 이런 점에서 조합의 재산도 '총유'로 이해하고 있습니다. 하지만 조합원 지분 배분을 요구할 경우 어떻게 대처해야 할까를 생각하면 '총유'라는 이상과는 충돌할 여지도 크다고 보입니다.

Q. 행정 예산을 지원받아 만들어진 마을재산의 소유를 마을회와 조합, 누구 이름으로 등록하는 것이 적절하다고 생각하십니까?

두 가지 기준이 있습니다. 하나는 부지 소유가 누구로 등기돼 있는지에 따를 것, 다른 하나는 추진하는 사업이 어떤 성격인지에 따를 것입니다. 앞으로 짓게 될 도농교류센터 건물은 부지가 마을회 소유이고, 사업의 성격이 마을공동체 활동이기 때문에 마을회 이름으로 등기를 내기로 했습니다. 그리고 이축해 지어질 잠사는 양잠영농조합법인 부지이고, 마을기업 활동의 성격을 갖기에 조합 이름으로 등기할 것입니다. 새로운 사업이 생기면 필요에 따라 새로운 조직이 생길 것인데, 상호 출자 등의 방식을 통해 서로 견제하고 감시하면서 조화로운 공동체를 만들어 나가려고 합니다.

Q. 마을요양원을 꿈꾸시는데 구체적인 일정과 운영 방식이 궁금합니다.

은고개마을은 마을만들기 활동을 시작하면서부터 복지 마을을 꿈꾸고 마을요양원을 만들 구상을 가졌습니다.

2021년부터 작게 운영을 시작할 예정입니다. 부지는 현재의 마을회관과 광장이 될 것입니다. 마을회관은 지은 지 20년이 지나 앞으로 10년 안에 철거하고 연면적 165제곱미터 규모의 요양보호센터를 새로 지을 계획입니다. 예산은 폐광 주변 지역 지원금을 활용하려고 합니다. 이미 지원금을 신청할 수 있는 자격이 되지만 아직까지 신청한 적이 없습니다.

운영에 필요한 예산은 아파트 월세 수익금 등이 안정적으로 들어오기에 크게 걱정하지 않습니다. 요양보호사도 마을 사업으로 다섯 분이 이미 자격증을 취득했습니다. 2021년부터 시작하기에 문제가 없으리라 자신합니다.

Q. 마을요양원을 운영할 조직은 어떻게 만들 생각이신지요?

전문가의 도움이 분명 필요할 것입니다. 기본적으로 사회복지사와 요양보호사가 필요할 텐데, 10명 미만의 소규모 요양원으로 예상할 경우, 요양보호사는 이미 양성된 마을 인력이 참여하면 될 것입니다. 다만 사회복지사는 외부 전문가를 모셔야 할 텐데, 마을에 사는 분이라면 금상첨화겠죠.

요양원 운영 법인도 당연히 마을이 주도하는 법인이 돼야 하고, 사무장은 전문성 차원에서 외부에서 채용해야 하리라 생각합니다. 물론 직원은 일자리 확보 차원에서도 마을 주민들이 맡아야 할 것입니다.

은고개마을은 마을만들기 활동을 시작한지 5년에 불과하지만(2017년 인터뷰 당시 기준), 출발할 때부터 마을 주민의 복지를 최우선으로 생각했습니다. 뽕나무 누에 수익금도 마을 복지를 위해 투자할 계획을 세웠습니다. 무리하지 않고 천천히 가면서 마을 주민들의 단합을 강조합니다. 앞에서 본 것처럼 마을재산을 투명하게 관리하고 회계 공개도 명확합니다. 이런 경험이 쌓여 농식품부 행복마을콘테스트에서 동상(장관상)도 수상한 셈입니다. 이런 점에서 마을요양원이란 꿈도 반드시 이루어질 것입니다. 2018년에 새로 완공되는 도농교류센터와 잠사가 새로운 도약대가 될 것으로 믿습니다.

마을규약

마을은 주민들의 약속으로 운영됩니다. 마을의 오래된 문화적 전통에서 유래하는 불문율은 당연히 존중받아야 합니다. 하지만 영농 방법이 바뀌고 주민 구성원이나 생활양식도 많이 변한 만큼 새롭게 약속을 정하고 계속 발전시켜 나가야 합니다. 특히 마을에 귀농귀촌인이 많이 늘어나면서 주민 누구나 지켜야 할 마을의 약속을 계속 확인할 필요가 높아지고 있습니다.

또 살기 좋은 마을 만들기 활동을 추진하면서 함께 모여 토론하고 합의할 내용이 아주 많습니다. 예를 들면, 마을에 살기만 하면 모두 주민인가, 마을회비는 꼭 필요한가, 투표는 1세대 1투표가 적절한가, 이장과 위원장은 어떻게 다른가, 마을재산과 회계는 누가 어떻게 관리해야 하는가, 귀농귀촌인은 마을에 가입비를 내야 하는가, 낸다면 얼마나 내야 하는가 등입니다. 이런 내용들은 토론과 합의를 통해 마을규약에 포함되어야 하고, 누구나 숙지하고 지켜야 합니다. 그래야 '더불어 사는 마을'답게 갈등 없이 운영될 수 있겠지요?

하지만 마을규약이 있는지도 모르는 경우가 많고, 있다 하더라도 너무 오래된 경우도 많습니다. 이런 마을은 공동활동의 경험이 거의 없다고 해야 할 것입니다. 행정 지원사업으로 마을만들기 활동을 시작하는 단계에서는 마을규약이 무조건 필요합니다. '마을조직도'를 작성해 보고, '마을재산' 관리 방법을 논의하면서 그 결과를 마을규약에 담아야 합니다. 해마다 조금씩 고치고 다듬어 가면서 실천 경험을 반영해야 합니다. 이 글을 읽고 마을규약을 꼭 검토해 보시기 바랍니다.

마을규약의 주요 쟁점과 제안

구자인 충남마을만들기지원센터장

마을규약, 왜 필요한가?

농촌에 마을이 형성되고 운영되는 이유는 다양하게 해석될 수 있습니다. 무엇보다 모내기나 추수 등 힘든 농작업이나 논밭에 물 대는 수로 관리, 관혼상제 등 주민들이 '함께해야만 할' 필연성이 있기 때문입니다. 이렇게 사람들이 모여 살다 보면 갈등과 대립이 있을 수밖에 없고, 그러다 보니 자연스럽게 '주민들이 더불어 살기 위한 약속'으로서 마을규약은 매우 중요할 수밖에 없습니다.

농촌 마을마다 지닌 역사와 자연 지형적, 사회 문화적 이유 등으로 마을규약의 형식과 내용은 다를 것입니다. 하지만 마을규약의 내용을 들여다보면 그 마을의 수준을 가늠할 수 있습니다. 얼마나 많은 토론과 합의가 있었는지, 어떤 실천들이 있고 세세하게 규정하고 있는지 등등. 물론 이런 마을규약 없이 불문율이나 관례로 잘 운영되는 마을도 있을 것입니다.

이제 시대가 바뀌어 예전의 농촌 마을과 지금은 매우 다릅니다. 무엇보다 농업 형태가 바뀌어(기계화, 규모화, 겸업화, 화학화 등) 공동노동의 필요성이 급격하게 줄었습니다. 농사짓지 않거나 규모를 줄여 자급자족에 그치는 주민도 늘고, 주말 거주자나 귀농귀촌인, 다문화 가족, 외국인 노동자 등 주민 구성원도 매우 다양해 졌습니다. 이렇게 달라진 시대에 농촌 마을규약은 무슨 의미가 있고, 어떤 내용을 담아야 할까요?

마을 구성원인 주민들의 직업, 취향, 가치 등이 다양해지다 보니 모여 살아야 하는 필연성도 적어집니다. 그래서 상호 합의가 필요한 약속이 더욱 중요해질 수 밖에 없습니다. 이런 약속을 둘러싸고 최근에는 전통적으로 오래 살아온 주민과 새로 들어온 주민 사이에 갈등이 끊이지 않습니다.

지금이야말로 살기 좋은 농촌 마을을 만들기 위해서는 적어도 5년, 10년을 내 다보고 미래 지향적 관점에서 마을규약을 재정비해야 할 시점입니다. 현재의 인 구 감소와 초고령화 추세 속에서 마을 주민 스스로 정한 약속을 잘 지키고 단합하 며 공동으로 위기 상황에 대처하는 것만이 희망을 보장하기 때문입니다.

마을규약, 어떻게 정비할 것인가?

우리 마을에 규약이 있는지도 모르고, 본 적도 없고, 토론조차 해본 적 없을 수 있습니다. 그런데 살기 좋은 마을 만들기 활동을 하다 보면 꼭 필요한 일 중의 하 나가 '약속 만들기'입니다. 우리가 왜 여기 같이 모여 사는지, 공동으로 할 일과 스 스로 해야 할 일을 어떻게 구분할지, 새로운 주민을 어떻게 받아들이고, 마을재산 은 어떻게 관리할지, 회계 관리는 어떤 식으로 해야 갈등이 없을지 등등 토론하고 합의할 일들이 한둘이 아닙니다.

특히 행정의 예산을 지원받아 마을만들기 활동을 하고, 공동시설(센터, 가공장, 체험장 등)을 짓고 운영할 때 이런 약속은 더욱 중요해집니다. 새로 이사 온 주민도 납득해야 하고, 새로 만들어지는 경제공동체(작목반, 영농조합법인, 농업회사법인, 협동조합 등)의 특성도 존중해야 합니다. 그래서 마을규약의 세부 내용은 거듭 토론하여 합의하고, 그 결과를 누구라도 볼 수 있도록 마을회관에 게시해야 합니다. 중요한 핵심 내용은 크게 인쇄하여 벽에 붙여 놓고 회의 때마다 확인해야 합니다. 마을에서 일어나는 주민 사이의 갈등은 이런 약속에 대한 이해가 다르거나 자기중심적으로 해석하기 때문입니다. 토론하고 합의하여 만든 마을규약이 있고, 이를 잘 지키는 마을이라면 행정사업도 잘 활용하여 성과를 낼 수 있습니다.

세상은 늘 변하는 것이라, 마을규약도 마을총회 때마다 다시 검토하면서 수정할 부분이 있는지 점검해야 합니다. 많은 경우 일반 관례에 따라 처리할 수도 있지만 각종 권한이나 마을재산 관리, 손익 배분 등 분명히 명문화해야 할 부분도 많습니다.

마을의 약속이 불분명하고 갈등이 생길 때 조정할 수 있는 '어른'이 있거나 만장일치 총회 등 문화적 장치가 발달되어 있다면 그때그때 해결할 수도 있습니다. 하지만 이제는 시대가 바뀌어 다양한 이해관계를 조정하는 방식으로 보완적인 장치가 많이 필요해졌습니다. 그 중에서 마을규약은 가장 핵심적인 약속에 해당합니다. 예전에는 내용이 단순했다면 지금은 장과 절, 항, 세칙 등 매우 복잡해질 수밖에 없습니다.

그렇다면 어떻게 정비해야 할까요? 이 글은 이런 필요성에 부응하여 마을규약을 정비할 때 중요하게 검토해야 할 쟁점을 제기하고, 필자 나름의 제안도 하고자 합니다. 각각의 쟁점에 대해 공부하고 토론하며 합의하는 과정 자체가 마을의 발전이고 좋은 아이디어를 꽃 피울 수 있는 토양이 될 것입니다.

마을규약 정비 사례: 당진시의 표준안 제정

충남 당진시는 주민자치 활동을 매우 활발하게 펼쳐 온 지역으로 유명합니다. 하지만 급속한 도시화와 산업화로 지역사회의 변화가 빠르게 이루어지면서 마을 공동체 유지와 발전이 큰 과제로 제기되어 왔습니다. 초기에는 읍면동 단위로 집중하던 주민자치 활동을 행정리 단위 마을자치로 확대할 필요성도 제기되었습니다. 이에 마을의 갈등과 분쟁을 예방하고 내부 해결 역량을 높이는 등 마을자치의 기반을 확립하고자 '마을자치규약 준칙 표준안'을 만들어 보급하고 있습니다.

2017년 5월에 행정 공무원 4명과 전현직 이통장 4명, 전문가 1명, 변호사 1명 등 10명으로 '실무회의팀'을 구성했습니다. 이후 3회의 정기회의를 개최하고 10일간 주민 의견을 수렴하여 10월에 최종안을 확정했습니다. 행정에서는 주민자치팀이 총괄하고 이통장 업무를 담당하는 시정팀과 법률지원팀이 협조했습니다. 도시 마을과 농촌 마을을 모두 다루고, 당진시 활동 특성에서 주민자치 활성화의 관점으로 접근하다 보니 자연스럽게 주민자치팀이 총괄한 셈입니다.

먼저 마을규약 제정 상황을 파악하기 위해 총 273개 리와 통 전수조사를 15일간 진행했습니다. 처음에는 마을규약 수집에 집중했고, 마지막에 14개 읍면동의 업무 담당자가 모두 체육관에 모여 두 개 조로 나뉘어 7~8시간 동안 분석하고 준비된 엑셀표에 입력하는 작업을 했습니다. 애매모호한 부분은 실무회의팀에서 해석했습니다.

전수조사 결과, 전체의 절반에 가까운 130개(48%)가 마을규약조차 없는 것으로, 게다가 마을규약이 없는 이유 중에는 분실(15개)이나 타 규정 준용(21개)이 아니라 제정조차 하지 않은 경우(88개)가 가장 많아 충격적이었습니다. 읍면동 별로 보면 편차가 더욱 심했는데, 100% 제정된 곳(송산면)도 있는 반면, 우강면은

17개 마을 중에서 2개(12%)만 제정되어 있었습니다. 이런 현실은 다른 시군도 유사하리라 생각합니다.

제정된 표준안은 지방자치법, 공직선거법, 당진시 이통장 임명에 관한 규칙, 당진시 이통 개발위원회 조례, 공동주택관리규약 등의 관련 규정을 참고하였고, 감사법무담당관실의 법률 검토를 거쳤습니다. 이러한 과정을 거쳐 제정된 표준안은 본문이 총 8장 37조로 구성되어 있고, 부록으로 각종 서식도 첨부되어 있습니다. 이후 주민자치 활동이 가장 활발하던 3개 읍면동(송악읍, 신평면, 당진3동)을 시범 지역으로 정해 마을별 자율 참여로 마을규약의 제·개정을 검토했습니다.

하지만 당진시의 김진호 주민자치팀장(당시)은 이 표준안에 대해 "어디까지나 표준안에 불과하고 마을 상황이 다르기에 의무적으로 도입할 성격은 아니라고 보기에 '제정했다'는 표현을 쓰지 않고 있습니다. 또 공무원이 보기에 좋은 규약이 아니라, 주민 입장에서 쉽게 알 수 있어야 하고 복잡하지 않게 작성하려 노력했습니다."라고 강조합니다. 표준안을 제정한 후 전국에서 100여 통의 전화가 올 정도로 관심이 폭발했고, 당진시 273개 마을 중에서 마을규약을 새로 제정하거나 개정한 곳도 다수 있다고 합니다.

당진시의 제정 경험과 필자의 경험을 바탕으로 함께 고민해 봐야 할 쟁점 일곱 가지를 제시합니다. 여전히 논쟁적인 부분이 많지만 몇 가지 제안도 곁들이고 있습니다. 아래에서 인용한 통계 자료는 모두 당진시의 전수조사 결과이고, 해석에는 김진호 주민자치팀장과의 인터뷰 결과를 반영했습니다.

쟁점 1

마을에 살면 모두 주민인가?(주민과 회원의 구분)

마을 구성원이 다양해지면서 나타나는 문제 가운데 하나는 '마을에 주소를 둔 사람(주민)'이 마을 활동에 참여하지 않거나 의무 사항을 지키지 않는 사례가 늘고 있다는 점입니다. 헌법 제14조에서 '거주ㆍ이전의 자유'를 기본 권리로 인정하고 있는 상황에서 "농촌 마을에 주소를 두고 실제 거주만 하면 모두 주민이라 할 수 있는가?"라는 질문은 이상하게 들릴 수도 있습니다. 또 지방자치법 제12조는 "지방자치단체의 구역 안에 주소를 가진 자는 그 지방자치단체의 주민이 된다"고도 규정하고 있습니다.

이런 점에서 '국민'과 '시민', '주민'을 개념적으로 분리하고, 국가와 행정에서 분리하여 독립된 주체로 마을공동체를 설정하려는 마을만들기 관점에서 보면 이 문제는 매우 중요한 쟁점이 됩니다. 마을에서 이사를 나가고 주소를 이전하면 당연히 주민이 아니겠죠. 하지만 마을에 주소가 있지만 마을공동체의 일원으로 의무 사항을 지키지 않는 사람을 주민이라 할 수 있을까요?

그래서 제도적 의미의 마을 '주민'과 공동체 의미의 마을 '회원'으로 구분하는 방안을 제안할 수 있습니다. 마을(자치)회에 가입하여 마을공동체의 전통과 의무를 존중하면서 권리도 행사하는 '좁은 의미의 주민'을 회원이라 볼 수 있을 것입니다([표 1]). 회원은 모든 권리와 의무를 갖되, 비회원(주민)은 회의에 참관만 할 수 있거나 경우에 따라 발언권만 인정되는 구분입니다.

물론 마을 주민을 회원과 비회원으로 구분하는 것 자체가 갈등을 일으킬 수 있습니다. 비회원이 아주 소수라면 인사조차 하지 않는 불편함이 있고 역차별 논란도 생길 수 있기 때문입니다. 또 비회원이 늘어나면 마을공동체로서의 기능이 무너질 수 있습니다. 반면에 도시화가 심각해져 행정적으로는 하나의 마을이지

[표 1] 당진시 마을자치규약 표준안의 '주민'과 '회원' 구분

구분	주소 전입	실거주	가입 의사	자격 절차	권리 의무
마을 '주민'	필요	불필요	불필요	당연	일부 제한
마을 '회원'	필요	제한적 (필수 기간 요건)	필요 (가입 희망 신청)	승인 (임원회의 등)	제한 없음

만 전통적인 농촌과 집합 주택이 함께 있을 경우 자연스럽게 받아들일 측면도 있을 것입니다.

당진시는 주민과 회원을 구분하는 방식으로 표준안을 제시하고 있고, 앞으로 5~10년 후를 내다볼 때 농촌 마을에도 자연스러운 추세가 될 것입니다. 이웃 일본에서도 신규 전입자에 대해 대개 1년 정도를 지켜보고 마을회 가입을 권유하는 것이 일반적입니다. 다만 이런 구분이 주소를 새로 이전해 온 사람을 배척하거나 차별하는 의미로 악용될 수 있는 부작용에 대해서는 충분히 조심해야 할 것입니다.

쟁점 2
주민의 자격 기준은 무엇인가?(거주 기간, 세대주, 연령 등)

마을 회원(주민)의 자격은 주소 전입은 기본이고, 실거주 여부와 기간, 입회비 등 의무 기준 준수, 연령 등이 중요한 기준이 됩니다. 어느 것이나 민주주의 측면에서 쟁점이 될 수 있고, 특히 전통적인 가치와 충돌할 여지가 많습니다(이하에서는 통상적인 개념에 따라

마을 주민과 회원을 구분하지 않고 주민이라 통칭합니다).

먼저 주민등록 이전과 실거주를 동시에 만족해야 하는데, 쟁점은 실제 거주 기간을 어느 정도로 정하는 것이 바람직하냐는 문제입니다. 당진시 전수조사에서는 거주 기간을 규정하고 있는 73개 마을 가운데 6개월 미만이 11개(15%)로 적고, 1년 이상이 43개(59%)로 나타났습니다([표 2]). 심하게는 10년 이상(송악읍 한진1리)으로 정한 마을도 있습니다.

일정 기간의 실거주를 의무화하는 것은 자연스럽게 받아들일 수 있으나 1년이 지나도, 2년이 지나도 자격 요건을 주지 않는 것은 심하다는 의견이 나올 수 있습니다. 당진시 표준안 제5조는 "회원가입신청서를 제출하면 누구나 마을회의 회원이 될 수 있으며, 특별한 사유가 없는 한 누구도 가입을 제안할 수 없다"고 개방적으로 규정하고 있습니다. 대신에 "마을에 새로운 전입자가 있을 경우 회원에 가입할 수 있도록 안내하여야 한다"(제8조)고 규정했습니다. 충분히 생각해 볼 수 있는 제안입니다. 예전에는 마을에 주소를 이전할 때 이장의 도장이 필요했지만, 지금은 읍면동 사무소에 곧바로 등록합니다. 이런 절차 때문에 이장이 신규 전입자를 만나고 설명하는 것조차 힘든 현실이 되었습니다. 마을에 새로 이사 왔다고 '떡을 돌리는' 풍습도 없어지다 보니, 이장이 전입자를 일부러 찾아가 만나야 하는 번거로움만 늘어난 셈입니다.

[표 2] 당진시 마을자치규약의 '주민' 자격 현황 1: 거주 기간

거주 기간 규정			거주 기간					
합계	유	무	합계	6월 미만	6월 이상	1년 이상	2년 이상	기타*
143	73	70	73	11	10	9	15	28

*'기타'는 '자가 5년, 전월세 7년', '상시 거주 1년, 영농 목적 5년' 등 거주 기간만으로 정하지 않은 마을에 해당한다.

[표 3] 당진시 마을자치규약의 '주민' 자격 현황 2: 자격 부여 단위

합 계	세대원 전원	세대원 일부(세대주)	규정 미비
143	57	54	32

회원 자격을 "세대원 모두에게 줄 것이냐, 세대주에게만 줄 것이냐"도 큰 쟁점이 될 수 있습니다. 마을(자치)회를 구성하는 회원을 모든 성인 남녀에게 개방하는 것이 당연하다고 볼 수 있습니다. 하지만 당진시 사례 조사에서 나타나듯이 여전히 전통 방식으로 세대주에게만 국한하는 경우가 38%나 됩니다([표 3]).

회원(주민) 자격을 이렇게 제한하는 것은 선거권, 피선거권, 의결권 등 투표권과 관계가 깊습니다. 남녀평등의 관점과 같이 새로운 사회적 가치 측면에서 보면 지나치게 보수적이라 할 수 있습니다. 하지만 당진시 표준안은 선거권과 피선거권, 의결권 등을 세대당 한 명만 인정할 것을 권장합니다. 이는 공동주택관리규약 준칙 제12조(의결권 행사)를 따른 것입니다. 또 "개인정보 보호 차원에서 지금의 전체 주민등록 명부를 명확히 확인하기 어렵고, 회비도 세대당 부과하고 있기 때문에 회원의 권리와 의무를 단순하게 할 필요가 있었다"(김준호 팀장 인터뷰)고 합니다. 하지만 풀뿌리 민주주의 차원에서 '세대당 한 명'으로 규정하는 것은 장기적으로 적절한 판단인지 재검토할 여지가 있습니다.

연령도 쟁점입니다. 당진시 실태 조사에서 연령 규정이 명시되어 있지 않은 경우가 72%, 있더라도 만 20세 이상이 90%였습니다([표 4]). 당진시 표준안에서는 공직선거법 제15조(선거권)의 '19세 이상' 규정에 따르도록 권장하고 있습니다.

하지만 선거권 연령을 낮추자는 운동도 있고, 마을민주주의 측면에서 더 낮추는 것도 발전된 형태가 될 수 있습니다. 특히 농촌 마을의 연령 구조를 고려할 때

[표 4] 당진시 마을자치규약의 '주민' 자격 현황 3: 연령 규정

자격 연령 규정			자격 연령			
합계	유	무	합계	만 18세 이상	만 19세 이상	만 20세 이상
143	40	103	40	1	3	36

'미래 세대에 대한 배려'를 위해 청소년에게 의식적으로 투표권을 주는 것도 상징적으로 판단해 볼 수 있을 것입니다. 여기에 대해서는 지속적인 토론이 필요할 것입니다.

쟁점 3
마을의 입회비나 정기회비는 꼭 필요한가?

이 쟁점은 앞의 두 번째 쟁점인 주민 자격과 연결되고, 기존 주민과 이주민(귀농귀촌인)이 가장 다투는 부분이기도 합니다. 당진시에서도 "이주민(귀농귀촌인)에게 지나치게 배타적 규정"이라 표현할 정도인데, 여기에는 다양한 갈등 사례에 숨어 있는 '오해와 진실' 때문에 더욱 논쟁적입니다.

먼저 입회비(가입비)는 '뜨거운 감자' 같은 쟁점입니다. 당진시 실태 조사 결과에 따르면, 입회비를 마을규약에 규정하지 않는 경우가 69%로 대부분을 차지합니다. 실제 금액을 명시한 사례는 24건에 불과하고, 100만 원 이상도 4개에 불과합니다([표 5]). 최대 금액은 1회 300만 원으로 2개 마을 사례가 있고, 또 자가 주택과 전세를 구분하여 차등 적용하는 사례도 있습니다.

[표 5] 당진시 마을자치규약의 '주민' 자격 현황 4: 입회비(가입비)

입회비 유무			입회비 규모					
합계	유	무	합계	50만원 미만	50만원 이상	100만원 이상	자기지분 비율	금액 미정
143	44	99	44	12	4	4	4	20

주 : '자기지분'은 마을회 공동재산/회원수를 의미한다.

　　2016년 10월, 충남 서천에서 열린 제8회 마을만들기대화마당에서 귀농귀촌을 둘러싼 쟁점 토론의 하나로 입회비(마을 기부금) 문제를 다룬 적이 있습니다. 기존 주민인 마을 위원장과 귀농귀촌인 사이에 매우 치열한 토론이 벌어졌는데, 대체로 모아진 의견은 다음과 같습니다. "마을 기부금을 의무적으로 납부하는 것이 바람직하다.", "마을이 형성된 역사를 고려하면 납부하는 것이 당연하다.", "다만 터무니없는 액수를 요구해서는 안 되고 마을총회에서 결정한 합리적 기준이 필요하다.", "마을 이장 마음대로 정하고 개인 통장으로 입금하면 안 된다.", "젊은 친구들은 돈이 없으니 면제하거나 감면해야 한다." 등입니다.

　　그렇다면 여기서 입회비의 '합리적 기준'은 무엇이고 적절한 액수는 어느 정도인지가 또 다른 쟁점이 됩니다. 이는 마을 공동재산의 규모나 형성 과정의 주민 부담분, 앞선 관례 등 여러 측면을 종합적으로 검토해야 하기에 명확하게 정할 수 없습니다. 특히 어촌계 같이 공동재산 규모가 크고, 매년 수익 구조가 명확하면 입회비가 높을 수밖에 없을 것입니다. 여기에 마을 주민들이 귀농귀촌인을 바라보는 관점, 예를 들어 미래를 생각하여 적극적으로 받아들여야 한다고 생각하는지, 아니면 기존의 나쁜 경험에 비추어 부정적으로 생각하는지 등도 크게 작용할 것입니다.

매월 납부하는 정기회비도 매우 중요한 쟁점입니다. 이는 일제강점기 잔재, 독재 시대 유산이라 비판받는 반상회와 반상회비 제도와도 맞물려 폐지론과 불필요론이 대세라 보입니다. 특히 도시와 달리 매월 고정 수입이 없는 농촌에서는 정기회비를 거두지 않는 곳이 대부분입니다. 하지만 이 문제는 일제와 독재가 풀뿌리 마을 통치를 위해 만들었던 제도와 앞으로 우리가 만들어 가야 할 마을공동체를 구분한다면 충분히 토론해야 할 쟁점으로 등장할 수 있습니다. 풀뿌리 주민자치 운동의 일환으로 마을만들기를 실천하고, 우리가 모은 회비가 중요한 자치 재원이 된다는 가치를 공유하며, 공적으로 투명하게 관리한다면 반대할 이유는 없을 것입니다.

어느 정도의 액수가 적절할지도 감면 규정을 둔다면 월 1만 원이 적절하지 않을까 제안합니다. 물론 주민세 1만 원과 더불어 마을회비 1만 원까지 매월 세금처럼 징수된다면 저항감도 만만치 않을 것입니다. 마을만들기의 가치를 공유하고 공동 수익금도 있는 마을에서만 이 정도 액수가 적절할 것입니다. 당진시 사례 조사에서는 회비가 없는 곳이 66%이고, 금액이 명시된 28개 사례 가운데 연간 5만 원 미만이 75%로 대부분을 차지했습니다([표 6]). 최대 금액도 연간 12만 원이 1개 사례였고, 재미있게도 아직도 '백미 세 말 시세'처럼 표현한 곳(정미면 산성리)이 있었습니다.

[표 6] 당진시 마을자치규약의 정기회비 규정 유무와 액수 기준 현황

회비 유무			연간 회비 규모					
합계	유	무	합 계	5만원 미만	5만원 이상	10만원 이상	금액 미정	기타
143	48	95	48	21	6	1	19	1

쟁점 4

마을의 대표자는 누구인가?(이장, 회장, 위원장)

우리 마을을 대표하는 사람은 누구인가? 이 쟁점은 현재의 행정리 성격과 이장 제도를 어떻게 바라봐야 하는지와 관련이 깊습니다. 현재의 행정리는 명확하게 행정의 필요에 의해(주민 의견이 우선이겠지만) 합치거나 나누는 방식으로 설치된 공간 범위입니다. 행정리 내부에서 반(班)이라 불리는 마을(부락)이 자연적으로 이루어진 마을(생활공동체)에 더 가까울 수 있습니다. 그리고 몇 개 행정리가 합쳐진 법정리 범위가 지명으로 보나 주민 정체성으로 보나 더욱 친밀하게 다가옵니다. 이런 점들을 고려하면 현재의 행정리는 행정의 필요, 주민의 요구, 생활 환경(경제, 교통, 농업 등) 변화 등을 반영하여 바뀔 수 있습니다.

먼저, 이장과 회장의 관계에 대한 쟁점입니다. 이장은 마을 주민이 총회를 통해 선출하지만 행정(읍면장)이 임명한다는 이중적 측면이 있습니다. 투표 절차나 형식을 둘러싸고 갈등이 생기는 사례 대부분은 마을 내부 원인 때문이지만, 마을에서 선출한 이장을 행정이 임명하지 않는 경우도 있습니다. 이장이 부재할 경우, 당진시는 새마을지도자가 권한 대행을 하도록 규정하고 있습니다. 행정이 임명하고 수당을 지급하기에 관련 조례에 자격이나 선출 및 임명 방식, 임기 등을 상세하게 규정하고 있습니다.

이런 특징으로 볼 때 마을자치 측면에서 이장을 반드시 마을 대표라고 할 수 없다는 판단이 가능합니다. 주민들이 마을 대표로 선출한 회장이 반드시 이장을 겸직해야 할 필요는 없다는 점입니다. 마을(자치)회의 회장과 이장은 겸직할 수도 분리할 수도 있습니다. 어떤 방식을 선택할 것인가는 마을의 상황과 역량에 따라 현실적으로 선택할 수밖에 없기 때문입니다.

마을에서 토론과 합의 문화가 잘 정착되어 있고, 일할 수 있는 리더도 여럿 있다면 회장과 이장을 분리해 운영할 수 있을 것입니다. 반대로 마을 규모가 작아 리더도 부족하고, 역량도 낮을 때는 겸직할 수밖에 없겠죠. 논산시 황금빛마을(채운2리)은 "추후 마을자치 위원장과 이장은 분리할 수 있다"고 여지를 열어 둔 사례입니다.

당진시 실태 조사에서는 이장이 당연직 회장을 맡도록 명시한 사례가 대다수(89%)였고, 반면에 이장의 자격 기준을 구체적으로 명시한 사례는 일부(20%)에 불과했습니다([표 7]). 당진시의 '이·통장 임명에 관한 규칙'에는 자격 기준으로 "2년 이상 주민등록을 하고 실거주한 25세 이상"으로 규정하고 있음에도, 일부 마을은 연령을 30세 이상, 40세 이상으로 보다 강화한 사례(4개)도 있습니다.

[표 7] 당진시 마을자치규약에서 이장의 겸직 유무와 자격 제한 규정 현황

이장의 당연직 회장 겸임			이장 자격 제한		
합계	유	무	합계	유	무
143	127	16	143	28	115

이장과 회장이 아닌 마을 위원장을 대표로 생각해 볼 수 있습니다. 특히, 행정에서 지원하는 마을 사업을 하다 보면 '추진위원회' 구성을 의무화하고, 그래서 그 대표자로 위원장을 선출합니다. 작은 마을에서 처음 행정 지원사업을 시작할 때는 대개 이장이 위원장도 겸직하지만, 시간이 흘러 사업 규모가 커지고 사업 가짓수도 많아지면 분리하는 것이 자연스러울 수밖에 없습니다. 행정 사무를 대행

하는 이장 업무도 많은데, 마을 사업을 추진하는 위원장 업무는 더 많기에 무리가 따르기 때문입니다.

이 과정에서 겸직하는 이장(위원장)은 분리를 하고 싶은 욕구가 강력해지는데, 문제는 이것이 현실적으로 쉽지 않다는 점입니다. 상호 협력적인 관계에서 일할 수 있는 동반자가 부족하고, 토론과 합의 문화가 정착되지 않다 보니 갈등의 과정을 겪기 때문입니다. 아마도 모든 체험휴양마을에서 안고 있는 가장 큰 숙제가 이 문제라 할 수 있습니다. 수익사업의 '이권'이 동반되어 큰 분쟁으로 발전되는 사례도 여럿 볼 수 있습니다.

결국 앞에서 검토해 본 것처럼 마을의 대표자를 한 사람으로 정하는 일은 현실적으로 쉽지 않습니다. 논리적이고 원칙적인 측면에서 마을의 대표자는 주민총회에서 선출한 회장, 이장, 위원장 모두인데, 단지 역할이 다르다고 설명하는 방식이 적절할 것 같습니다. 예를 들어, 회장은 마을을 대내외적으로 대표하고, 회의를 주재하며, 일상적으로 어른 역할을 하는 사람. 이장은 행정에 대해 마을 주민의 이해를 대변하고 행정 사항을 마을에 전달하는 사람. 위원장은 마을을 잘 살 수 있도록 소득사업 중심으로 이끌어가는 사람.

이렇게 역할 분담이 잘 되고 협조 관계를 유지할 수 있다면 회장, 이장, 위원장을 분리하는 것이 가장 바람직합니다. 그렇지 않다면 어려운 현실 여건에서 어떤 경로를 거쳐 이런 목표에 도달할 것인가가 숙제로 남습니다. 마을 내부로 눈길을 돌리면 이런 협력적 역할 분담이 얼마나 어려운지 모두 한숨이 클 것입니다.

하지만 속된 말로 "마을에 우두머리가 많으면 바람 잘 날 없다"고 1인 3역을 요구받는 대부분의 마을에서는 더 이상 발전을 기대하기 어렵습니다. 단지 기본적인 역할에 충실할 수밖에 없습니다. 이런 딜레마를 극복하기 위해서라도 이 쟁점을 두고 마을 내부에서 위기감을 공유하며 계속 토론하고 답을 찾아가야 합니다.

쟁점 5

바람직한 마을조직 체계는?(총회, 개발위원회, 운영위원회)

마을마다 주민들의 전체 의견을 묻는 총회가 있습니다. 대개 바쁜 농사일을 마친 연말연시에 열리죠. 이 자리에서 임원 선출이나 규약 개정 등 중요한 의사 결정이 이루어집니다. 총회는 주민 전체의 의견을 수렴하고 결정하는 최종적인 의사 결정 조직임에 틀림없습니다. 다만 총회가 매년 1회에 그치고, 전체 주민이 모일 수 있는 공간 자체가 마을 안에 없으며, 안건 상정이나 토론 및 결정 방식이 매우 서툴다는 등 개선 여지가 많은 것은 분명합니다.

그렇다면 마을의 일상적인 사항을 협의해서 결정하고 집행하는 일은 어떤 조직 단위에서 해야 바람직할까요? 일반 기관 · 단체의 이사회나 임원회의, 운영위원회 등에 준하는 마을의 조직은 무엇일까요? 총회를 수시로 열 수 없기에 총회에서 위임한 권한 범위에서 이런 역할을 할 수 있는 조직은 꼭 필요합니다.

여기서 모든 마을마다 있는 조직 가운데 개발위원회가 매우 모호합니다. 노인회나 부녀회, 청년회 같은 자생조직도 아니고, 이장이나 새마을지도자, 영농회장(농협) 등과 같은 직책도 아닙니다. 개발위원장이란 직책은 있으나 마을에 따라서는 회의조차 열리지 않아 유명무실한 경우도 많습니다.

현재 충남 대부분의 시군에는 개발위원회 조례가 있습니다. 설치 목적이나 역할은 조례마다 표현은 조금씩 다르지만 다음과 같은 내용으로 비슷합니다. 1 주민 참여의 마을 개발 촉진과 문화 복지 후생, 공동이익사업, 재난 방재, 예비군 운영 등의 지원, 2 「지방자치단체를 당사자로 하는 계약에 관한 법률」에 따른 사업의 계약과 시공 계획의 작성 집행 및 수입금의 관리와 정산에 관한 사항, 3 행정에 대한 건의나 지원 요청 등입니다. 여기서 앞의 2는 세부적으로 법률 제25조 제

1항 제7호 나목에서 정한 다음 내용을 말합니다.

> 제25조(수의계약에 의할 수 있는 경우) ① 지방자치단체의 장 또는 계약 담당자는 다음 각 호의 어느 하나에 해당하는 경우에는 법 제9조 제1항 단서에 따른 수의 계약에 의할 수 있다.
>
> 7. 특정 연고자, 지역 주민 및 특정 물품 생산자 등과 계약할 필요가 있거나 그 밖에 이에 준하는 사유가 있는 경우로서 다음 각 목의 경우.
>
> 나. 지역 사회의 개발을 위하여 그 지역 주민의 다수를 참여시킬 필요가 있는 경우로서 추정 가격이 2000만 원 미만인 공사 또는 추정 가격이 5000만 원 미만인 묘목 재배를 행정안전부령으로 정하는 그 지역의 주민 또는 대표자와 직접 계약하는 경우.

특이하게 계룡시는 '마을총회에서 선출한 이장의 추천' 권한을 개발위원회에 부여하고 있습니다. 당진시의 김진호 주민자치팀장(당시) 인터뷰 결과에 따르면, 서산시는 아예 개발위원회가 이장을 임명할 수 있는 권한을 가지고 있고, 이에 반해 당진시는 주민총회에서 이장을 선출하지 못할 경우에 한하여 개발위원회가 선출할 수 있습니다. 또 당진시의 일부 마을은 마을회가 구성되어 있지 않은데, 이 경우에는 대개 개발위원회가 역할을 대신하고 있습니다.

개발위원 선정은 마을총회에서 선출하도록 하는 시군, 읍면장 등이 위촉하는 시군, 이 두 가지를 조합하여 명시한 시군 등 다양합니다. 이장과 새마을지도자, 부녀회장은 당연직으로 참여하고, 구성원 수는 5인 이상, 9인 이하, 10~15명 등 시군마다 다르게 명시하고 있습니다.

이런 개발위원회 제도가 언제 어디에서 유래한 것인지는 명확하지 않습니다. 다만 충남에서 가장 오래된 조례가 1972년(금산군, 서천군, 청양군)에 제정된 것으로 볼 때 새마을운동과의 연관성을 추측해 볼 수 있습니다. 하지만 법조문 자체가 개정되지 않고 오래 방치된 것을 보면 거의 사문화된 조례라고 할 수 있습니다. 참고로, 당진시는 표준안을 만들 때 기획팀에서 개발위원회 업무를, 시정팀이 이 통장 업무를, 주민자치팀이 주민자치위원회 업무를 담당했습니다. 기획팀이 맡은 이유는 사회단체 관리의 일환으로 보입니다. 또 읍면동이나 시군 단위로도 개발위원회가 대부분 구성되어 있는데, 이는 조례나 규칙에 명시되어 있지 않은 비법정 단체라 할 수 있습니다.

충남도의 경우, 아산시와 예산군은 조례가 제정되어 있지 않고, 논산시(전부 개정, 2006년 1월)와 부여군(전부 개정, 1999년 11월)은 꼭 필요한 내용 중심으로 현실에 맞게끔 5조로만 간략하게 규정하고, 세부 내용은 마을별 자체 규약으로 위임하고 있습니다. 전북도는 14개 시군 모두 제정되어 있지 않은데, 그럼에도 개발위원장 직책은 거의 모든 마을에 있는 것으로 보입니다.

이렇게 개발위원회 제도를 장황하게 분석해 보는 것은 마을의 일상적인 협의 조직을 어떻게 설치하고 운영하는 것이 민주적이고 효율적인지 검토해 보기 위함입니다. 기존의 개발위원회 제도와 충돌하지 않으면서 마을 임원회의(운영위원회) 성격의 조직을 어떻게 설치하면 좋을까요?

현재의 개발위원회 구성과 운영을 인정하되(조례가 없거나 마을규약으로 위임하면 무시해도 무방합니다), 마을 운영위원회와 일치시키는 방향이 가장 바람직할 것입니다. 행정에 대해서는 개발위원회이지만, 내부적으로는 운영위원회로 보자는 제안입니다. 당진시 표준안 23조는 "개발위원회가 구성 운영 중인 마을에서는 총회의 의결을 거쳐 개발위원회가 임원회의 기능을 대신하도록 결정할 수 있다"고 기능 위임 규정을 두었습니다. 이때 쟁점이 될 수 있는 핵심 내용은 임원의 구성과 역할(권한)에 관한 것입니다.

운영위원회의 위원장은 마을의 대표가 겸직하여 의사 결정 체계를 원활하게 할 필요가 있습니다. 이 경우에 마을 대표로 회장을 이장이 겸직한다면 이장이 당연직 운영위원장이 될 것입니다. 개발위원장은 당연직 운영위원의 한 사람으로 참가하되, 운영위원 전원은 대외적으로 개발위원을 겸하는 셈이 됩니다. 운영위원은 마을조직의 대표들이 당연직으로 모두 참여하되, 마을총회에서 선출하는 운영위원까지 포함하여 10~15명 정도로 구성하는 것이 적절합니다. 회의는 매월 1회 정기적으로 열고, 회의록을 남기고 중요 결정 사항은 마을 게시판에 공지하고 주민 전체 회의에서 의무적으로 설명해야 합니다.

당연직 운영위원은 회장, 이장, 총무, 노인회장, 부녀회장, 청년회장, 새마을지도자, 영농회장(농협) 등으로 임명합니다. 이외에 각 반장(2~3명)과 특별위원회 위원장을 포함할 수 있습니다. 마을총회에서는 연령과 성, 직업 등을 고려하여 나머지 운영위원을 선출하고 운영위원회가 전체 주민의 대표성을 띨 수 있도록 골고루 구성해야 합니다.

당진시는 임원회의(운영위원회)를 개발위원과의 관계를 고려하여 [그림 1]과 같이 노인회장과 총무, 감사는 개발위원이 아니지만 임원회의에 참가하는 것으로 제안하고 있습니다. 필자가 제안한 마을조직도(33쪽 참고)와 비교하여 마을만들기 사업이 시행되는 초기에도 적용하기 쉽습니다. 이런 마을조직도를 초기 단계에서부터 충분히 학습하고 주민들이 합의하면서 마을규약에 담아야 합니다.

쟁점 6
민주적인 의사 결정 방식은?(투표 방식, 정보 공유, 정기회의)

마을의 의사 결정 방식은 어떻게 해야 할까요? 투표를 한다면 무기명 비밀 투표가 당연할 것이고, 거수로 정하는 것은 갈등을 낳을 수 있습니다. 선거나 투표로 마을 갈등이 심각해

[그림 1] 당진시 마을자치규약의 임원회 구성도 제안(표준안)

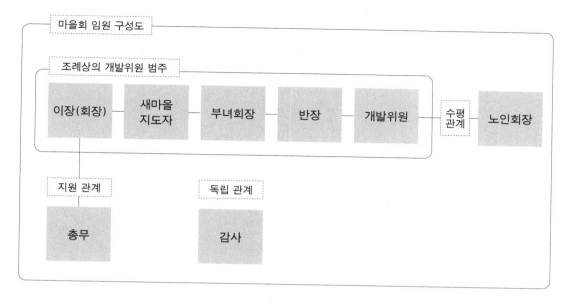

지는 상황을 많이 목격하는 상황에서 마을규약에 의사 결정 방식을 어떻게 규정할 것인지는 매우 중요합니다. 이상과 현실 사이에서 검토하고 제안하자면 다음과 같습니다.

첫째, 투표 방식에 대해 충분히 토론하고 합의하여 마을규약에 명시해야 합니다. 일반적으로 과반수 이상의 동의를 요구하는 다수결 원칙을 채택합니다. 하지만 다수결 원칙은 한 표 차이가 나더라도 소수 의견은 무시되고 다수 의견을 따라야 한다는 다수의 횡포를 초래할 수 있습니다. 특히 농촌 마을에서는 과반수 투표의 부작용이 심각하게 드러납니다. 마을 이장 선거에서 다수결 투표를 하면 선출된 이장을 지지하는 주민과 지지하지 않는 주민 사이의 갈등 관계가 심각해질 수 있습니다. 앙금도 오래 남아 마을 활동에 큰 지장을 주기도 하죠.

이런 점에서 마을규약에는 "원칙적으로 마을의 의사 결정은 만장일치제를 끊임없이 지향해야 한다"고 명시해야 합니다. 이런 가치를 공유하고 지속적으로 협의하는 과정을 거쳐야 합니다. 특히 작은 마을일수록 그래야 합니다. 대개는 시간적인 이유로 중간 과정을 생략하고, 효율적이라는 이유로 다수결 투표를 선호합니다. 마을의 의사 결정 방식은 소수자를 배려하면서 끊임없이 차이를 줄히려는 시도가 필요합니다. 마을만들기를 '풀뿌리 민주주의 훈련의 장'이라 부르는 이유도 여기에 있습니다. 또 마을이 크고 주민 수가 많아 만장일치가 어렵다면 결선투표제나 후보군에서 추첨 방식 등 대안적인 방식을 지속적으로 검토할 필요가 있습니다.

당진시의 실태 조사에서는 대부분의 마을에서 '과반수의 출석과 출석 회원 과반수의 찬성' 방식을 선택했습니다([표 8]). 표준안에서도 '지나치게 이상적이지 않도록' 만장일치를 위한 노력이나 다른 투표 방식을 검토하지 않고 있습니다. 다만 권리 위임에 따른 부작용을 없애기 위해 표준안 18조 제2항은 "선거권, 피선거권, 의결권은 총회에 직접 참석한 자만 행사할 수 있으며, 같은 세대의 세대원에게 위임한 경우를 제외하고는 그 권리를 제3자에게 양도하거나 대리하게 할 수 없다"고 규정했습니다.

[표 8] 당진시 마을자치규약의 의사 결정(투표) 방식 현황: 의결 정족수와 의결

의결 정족수					의사 결정 방식				
전원 참석	2/3 이상	과반수	1/3 이상	없음	만장 일치	2/3 이상	과반수	기타	없음
-	14	95	8	26	-	9	109	7	18

여기서 현실적으로 주민 전체 명부나 회원 명부를 명확하게 하기가 쉽지 않습니다. 지금은 개인 정보 보호를 매우 엄격하게 요구하기 때문에 이장이 행정에 주민등록등본을 요청할 수 없고, 주민 각 세대에게 제출하도록 요구하기도 어렵습니다. 이 때문에 예전과 달리 실제 거주하더라도 주민등록을 이전한 주민인지, 주민등록은 이전하더라도 실제 회원인지를 명확하게 해 두어야 합니다. 그래서 마을 주민(선거인) 명부를 사전에 정리해 둘 필요가 있고, 특히 마을총회가 열리기 일정 기간 전에 주민에게 열람하고 확인하는 절차를 거쳐야 합니다. 당진시는 표준안의 부록으로 마을회 가입 신청서와 회원 명부 서식을 제공하고 있습니다.

둘째, 정보 공유의 중요성을 마을규약에 명시해야 합니다. 누구라도 공통적으로 알고 있는 사실이 많으면 의견을 모으기 쉽고 만장일치에 이르기도 좋기 때문입니다. 하지만 농촌 마을 현실에서는 이런 과정이 많이 생략되고 매우 미숙합니다. 마을만들기 활동에서도 이런 공유 과정이 부족해 갈등이 심각해지는 경우가 많습니다. 좋은 결정을 위해서는 사전에 공감대를 형성하기 위한 오랜 노력이 필요합니다. 그래서 마을규약에 마을 정보를 공유하기 위한 내용을 다양하게 규정해야 합니다.

예를 들어, 마을회관에는 누구나 쉽게 알아볼 수 있도록 게시판을 두고 거기에 중요 사항을 공지하도록 규정해야 합니다. 또 마을회관 서류함에는 마을의 공공 서류가 체계적으로 분류되어 있어야 한다는 점도 규정해야 합니다. 이장의 인수인계 서류도 일목요연하게 정리하여 체계적으로 전달해야 함도 규정해야 합니다. 이처럼 다양한 방식으로 정보를 공유할 수 있도록 명시하면 주민들 사이에 갈등 없이 좋은 의사 결정에 이를 수 있을 것입니다.

물론 모든 것을 규약에 명시할 필요는 없습니다. 예전에는 우물가나 빨래터, 사랑방과 같은 장소, 혹은 공동노동 등을 통해 정보를 공유할 수 있는 기회가 많았습니다. 하지만 농업이 기계화되고 주민들이 모일 기회가 크게 줄어든 상황에서는 정보를 공유하기 위해 노력하는 새로운 생활 문화가 필요합니다.

예를 들어, 읍면 사무소에서 이루어진 이장회의 결과는 게시판에 일정 기간 알리고, 주민 가가호호를 회람시킵니다. 중요 정보는 마을 방송으로 알리고, 또 밴드나 카톡 등을 통해 알립니다. 행정 예산이나 마을기금으로 이루어진 모든 일은 사후 보고를 해야 합니다. 교육이나 선진지 견학을 다녀오면 사진을 공유하고 보고서를 만들어 누구라도 공유할 수 있게 해야 합니다. 그리고 마을에는 글을 읽을 수 없는 어르신도 많다는 점을 고려하여 정보의 전달 방식을 세심하게 배려해야 합니다.

이처럼 정보 공유를 강조하는 까닭은 소통의 부재가 마을 갈등을 일으키기 때문입니다. 단 몇 사람이 정보를 독점하면 마을의 불평등이 심해집니다. 이런 점때문에 정보 공유의 중요성을 마을규약에 명시해야 하고, 책임을 맡은 임원은 이를 늘 숙지하고 실천해야 합니다. 다만 마을규약에 어디까지 구체적으로 명시하는 게 좋을지는 쟁점이 될 수 있습니다. 시시콜콜하게 매우 구체적으로 명시하는 게 좋을 수도 있고, 규약에는 큰 원칙만 명시하고 불문율처럼 생활 문화로 강조되는 게 좋을 수도 있습니다.

셋째, 마을 주민 전체가 참가하는 정기회의를 매월 1회 정해진 날에 꼭 열릴 수 있도록 명시해야 합니다. '비가 오나 눈이 오나' 마을 전체 일을 논의하고 공동작업도 하는 날이 필요합니다. 중요한 정보를 공유하고, 주민 합의의 수준을 높이며, 상호 신뢰 관계를 쌓기 위해서라도 이런 날이 필요합니다. '매월 15일' 또는 '첫째 주 월요일' 등 구체적으로 명시하고 반드시 지키도록 해야 합니다.

정기회의 결과는 기록으로 남기고, 다음 정기회의에서 전차 회의록 낭독을 통해 다시 확인해야 합니다. 이런 기본적인 날이 있고 없는지가 마을 활성화를 좌우

한다고 해도 과언이 아닙니다. 정기회의를 마을규약에 명시하는 것은 쟁점이 아니라 필수 항목입니다. 다만 날짜를 구체적으로 명시하는 것은 무리일 수도 있는데, 매년 정기총회에서 개정할 수 있다는 점을 전제로 생각하면 명시하는 것도 무방하리라 생각합니다.

쟁점 7
투명한 마을재산 관리 방식은?(정보 공개, 자료 관리, 인수인계)

마을재산인 부동산과 동산의 정보를 투명하게 잘 관리해야 합니다. 마을재산은 반드시 마을회 명의로 등기해야 합니다. 또 재산관리대장을 만들어 비치하고, 매년 정기총회에서 재산 관리 및 변동 내역을 보고해야 합니다. 마을재산의 취득이나 매각과 관련된 결정은 반드시 총회에서 해야 합니다. 특히 세무서에서 발급받은 '고유번호증'을 은행에 제출하면서 통장 명의는 마을회 이름을 부기명으로 표시하도록 요청합니다. 그래야 마을 총무가 바뀌더라도 마을 현금을 안전하게 관리할 수 있습니다. 마을재산의 변동 사항은 게시판에 공지해야 합니다. 이런 내용들을 마을규약에 명시해야 합니다.

당진시 실태 조사 결과를 보면, 재산 관리 규정이 없는 사례가 76%, 기금 조성 규정이 없는 사례가 88%로 대부분을 차지합니다([표 9]). 규정이 있는 경우도 대개는 간단한 문구만 있습니다. 재산 관리나 기금 조성의 중요성에 비해 대부분의 마을규약에서 제대로 다루고 있지 않습니다. 그래서 이 부분은 쟁점이라기보다 당연한 것이고, 명시조차 되어 있지 않다는 점이 문제가 됩니다.

[표 9] 당진시 마을자치규약의 재산 관리 및 기금 조성 규정 현황

재산 관리 규정			기금 조성 규정		
합계	유	무	합계	유	무
143	34	109	143	17	126

각종 회의 결과는 게시판에 일정 기간 공시하고, 회의록을 마을회관에 비치해 회원들이 잘 볼 수 있도록 해야 합니다. 또 회장(이장)의 인수인계 과정에서 이런 정보들을 감사의 입회 아래 체계적으로 전달하고 확인 도장을 찍어야 합니다. 마을규약에는 이런 자료 관리나 인수인계에 대한 큰 원칙과 중요 사항을 명시하고, 세부 내용은 '세칙' 형태로 작성하여 공유해야 합니다. 그래야 마을 활동의 다양한 경험이 쌓이고 행정사업을 지원받아도 큰 무리 없이 계속 이어질 수 있습니다.

기타 중요하게 검토해야 할 주제들

이제까지 살펴본 쟁점 외에도 다룰 필요가 있는 주제들이 많습니다. 몇 가지만 더 제시하자면 다음과 같습니다.

첫째, 행정리 마을과 하위 반(자연 마을)과의 관계 문제입니다. 이장이 마을을 대표한다 하지만 "하위 반의 고유 권한을 어느 정도까지 인정할 것인가?"하는 쟁점입니다. 역사적으로 보면 하위 반도 하나의 마을이었고, 자체적인 규약이나 공동재산을 가지고 있는 경우도 있습니다. 이런 경우의 마을규약은 좀 더 복잡해질 수 있습니다.

둘째, 마을회와 경제공동체(작목반, 영농조합법인, 협동조합 등) 조직과의 관계를 어떻게 규정할 것인가라는 쟁점입니다. 법인 형태가 아니라면 마을회 내부 조직

으로 마을규약에 명시할 수 있지만, 법인 형태로 존재한다면 관계 설정이 중요합니다. 특히 마을 사업의 일환으로 행정 예산을 지원받은 시설이나 건물을 관리한다면 관계를 명확하게 명시해야 합니다. 소유권과 관련하여 마을회가 통제 권한을 갖도록 재산관리대장에 등록해야 합니다. 조직상으로는 수평적이고 대등한 관계에 있지만, 연간 이익금의 얼마를 어떻게 환원할 것인지 구체적으로 명시해야 합니다. 이 관계가 복잡하다면 큰 원칙과 내용만 명시하고, 세부 내용은 세칙에 명시할 필요가 있습니다.

셋째, 마을 발전과 관련하여 특별위원회 형태로 설치할 필요가 있는 조직도 있고, 이에 대해 마을규약에 명시해야 합니다. 예를 들어, 마을마다 공통적으로 귀향귀농귀촌지원위원회나 토지거래정보공유위원회, 마을복지관추진위원회 등을 중요하게 검토해 볼 수 있습니다(33쪽 개념도 참고). 어느 것이나 마을 발전을 위해 매우 중요하고 당면 과제에 해당하기에 적극 검토해 보기를 제안합니다. 이런 특별위원회에는 마을 주민만이 아니라 외부 전문가를 전문위원 형태로 위촉하여 지속적으로 자문을 받는 형태로 운영할 수 있습니다.

넷째, 이장(회장)에게 정기적인 활동비(업무 추진비)를 지원할 필요성이 있는데, 이를 마을규약에 명시할지도 쟁점입니다. 마을 이장은 행정에서 수당을 지원받는데 현실적으로 액수가 너무 적고, 그래서 '무보수, 명예직' 상태에서 마을 일에 집중할 수 없는 한계가 있습니다. 예전에는 '이장답'이라는 형태로 마을에서 지원하던 전통이 있습니다. 마을 회장이 별도로 선출되어 있지 않고, 이장이 겸직하는 형태라면 행정 수당과 별도로 마을기금에서 실경비(차량 유류대, 식대, 소모품비 등)를 적더라도 상징적으로 지원하고 조금씩 증액할 필요가 있습니다. 개인 부담이 너무 크면 당연히 누구라도 직책을 맡으려 하지 않기 때문입니다.

예를 들어, 논산시 황금빛마을(채운2리)은 규약 14조(마을자치기금에서 지출하기로 의결한 비목)에 다음과 같이 규정했습니다. 큰 액수는 아니지만 마을 활동에 대한 보상 차원에서 의미가 있는 규정입니다.

1항 이장의 연간 수당은 12만 원으로 한다.
2항 새마을지도자의 '강경읍 새마을지도자 연회비 12만 원'을 마을자치기금에서 지원한다.
3항 부녀회장과 청년회장의 연간 수당은 각각 6만 원으로 한다.

세칙에서 구체적으로 다뤄야 할 일곱 가지 쟁점들

지금까지 당진시의 마을자치 규약 표준안 사례를 참고하면서 중요한 쟁점을 살펴보고 필자의 제안도 해보았습니다. 마을마다 사정이 다르기에 쟁점도 다를 수 있고, 결론도 바뀔 수 있을 것입니다. 하지만 큰 틀에서는 중요한 쟁점이고, 명확한 정답은 제시할 수 없지만 충분하게 토론하며 합의를 보고 마을규약에 명시해야 합니다.

물론 모든 내용을 마을규약에 담기는 어렵습니다. 그래서 세부 내용은 세칙으로 정할 필요가 있고, 이 또한 규약과 마찬가지로 개정이 필요하면 마을총회의 의결을 거쳐야 합니다. 마을만들기 활동이 활발한 곳일수록 세칙으로 작성해야 할 내용들이 많아질 수밖에 없습니다. 예를 들면 다음과 같은 것들이 있습니다.

첫째, 명예주민(회원) 제도에 관한 세칙입니다. 지역에 연고권이 있거나 특별한 공적이 있는 사람에게 명예주민 자격을 부여하고 일정한 혜택을 주는 제도입니다. 최근 일본 고향세 사례처럼, 한국에서도 도시민이 고향 지자체에 금품을 기부할 수 있는 고향사랑기부금 제도가 논의되고 있으니 충분히 검토해 볼 수 있습니다.

둘째, 마을 영농의 원칙과 방향에 관한 세칙입니다. 상징적이지만 마을의 영농 활동과 관련하여 친환경 농업이나 농법, 유휴 농지 관리 방안, 소농·고령농 우선, 농기계 구입 및 관리, 농가공 및 직거래 개척, 도농교류 체험 방식 등에 대해 규정을 만들 필요가 있습니다. 농업이 어려워질수록 마을 주민 공동의 대응이 필요하다는 점에서 이런 부분도 주민들 사이에 약속이 필요합니다. 특히 마을 농지 관리와 관련하여 부재지주가 생기지 않고, 토지 거래 정보를 충분히 공유해 마을에 사는 주민이 경작할 수 있도록 명확한 원칙을 규정해야 합니다.

셋째, 마을의 정기회비와 기금 관리에 관한 세칙입니다. 정기회비의 액수와 부과 대상, 납부 방식, 관리 방식 등을 구체적으로 정해야 합니다. 마을기금은 경제공동체 활동과의 관련성을 고려하여 조성하고, 관리와 지출 방식을 구체적으로 명시해야 합니다. '돈' 문제는 항상 조심해야 하기에 투명하게 관리할 수 있도록 약속을 정해야 합니다.

넷째, 마을 내 경제공동체 법인과의 관계에 관한 세칙입니다. 경제공동체 조직에 대한 출자 및 이익 공유 관계, 인력 제공과 인건비, 마을 생산 농산물 제공과 가격, 각종 수수료, 연말 배분액 혹은 비율 등 정해야 할 내용이 많습니다. 특히 체험 휴양마을에서는 이 부분을 매우 세세하게 정해야 하고, 매년 정기총회에서 재확인해야 합니다.

다섯째, 마을 공동시설 관리에 관한 세칙입니다. 특히 체험 시설이나 가공 시설, 마을회관 등 마을 공동시설을 경제공동체 조직에게 임대(위탁) 운영하는 경우에는 운영 원칙이나 관리 책임, 비용 부담, 수익금 관리 등을 세세하게 정해야 합니다. 내용이 구체적일수록 분쟁의 여지가 줄고, 정확하게 알고 있을수록 마을 발전을 앞당길 수 있습니다.

여섯째, 도농교류 체험을 활발하게 하는 마을이라면 구체적인 활동 방법에 대해서도 세칙을 정해야 합니다. 도시 소비자와의 교류 원칙과 우선순위, 대응 방향, 비용 및 수수료, 마을 내 개인 시설과의 관계, 수익금 배분 등입니다. 특히 마을 내에 개인이 운영하는 교육농장이나 체험농장, 펜션, 식당 등이 있다면 상호발전할 수 있도록 충분히 토론하고 합의점을 찾아야 합니다. 과잉 경쟁하거나 대립하여 갈등이 생기면 모두에게 도움이 되지 않습니다.

일곱째, 앞에서 말한 특별위원회와 관련하여 귀향귀농귀촌에 대한 원칙이나 토지 거래 정보 공유, 마을 노인복지관(마을 요양원) 설립에 대한 구상 등도 세칙으로 정하면 좋습니다. 이런 활동이 많고, 역할 분담이 잘 될수록 마을만들기는 마을의 기본 문제에 근본적으로 대응하며 지속가능한 발전을 기대할 수 있기 때문입니다.

향후 방향과 관련된 세 가지 제안

마을에서 회의를 하다가 충돌이 생기면 곧잘 나오는 말이 있습니다. 바로 "근거가 뭐냐? 규약 어디에 명시되어 있느냐?"입니다. 규약이 없어도 잘 돌아가는 마을이 가장 이상적이겠죠. 하지만 앞에서도 강조했듯이 시대가 변하고, 사람들의 가치가 다양해지는 현실에서 '주민들 사이의 차이를 존중하면서 마을로 기능할 수 있는' 약속(규약)은 꼭 필요합니다. 어디까지 명시할 것인지, 쟁점 토론을 통해 어느 정도 공감대를 형성하여 제정(개정)할 것인지가 중요합니다.

앞으로의 방향과 관련하여 중요한 과제로 다음 세 가지를 제안하고자 합니다.

첫째, 모든 행정리를 대상으로 마을규약 실태를 전수조사해야 합니다. 시군마다 상황이 다를 것이기에 대응 방향도 달라야 할 것입니다. 관련 조례나 규칙을 검토하고, 실태 조사 결과를 참고하면서 공동의 대응 방향을 모색할 수 있을 것입니다. 다만 누가 어떻게 전수조사를 할 수 있을지는 큰 과제입니다. 김진호 팀장은 당진시에서 실태 조사를 할 때 마을규약을 수집하는 것조차 쉽지 않았다고 증언했습니다. 취지를 명확하게 설명하지 못하면 마을로부터 반발을 살 수도 있고, 의회에서도 문제 제기를 할 수 있습니다. 마을만들기 중간지원조직이 앞장서기에도 공신력 문제가 생깁니다. 시군 행정이 앞장서더라도 어느 부서에서 주도하고 어떻게 추진하는 것이 좋을지 검토가 필요합니다.

둘째, 현재의 이장 제도, 개발위원회 조직, 사업 추진위원장 등 각종 제도 장치에 대한 전면적인 검토를 해야 합니다. 행정의 담당 부서도 다르고, 마을에서도 권한과 책임 측면에서 충돌하는 경우가 많습니다. 앞의 쟁점 4와 5에서 검토했듯이 전체 제도를 놓고 동시에 정비하는 관점으로 접근해야 합니다. 이 부분은 아무래도 광역 행정에서 주도하여 연구자가 참여하는 집중 연구가 필요할 것입니다. 각자의 권한과 책임을 다시 배분하는 문제이니 현장 실정을 반영하여 큰 원칙과 방향에 대한 합의를 하는 것이 중요합니다. 세부적으로는 시군 행정에서 규정하고 마을이 이를 받아들여야 가능할 것입니다.

셋째, 앞에서 제시한 각종 쟁점에 대해 중간지원조직 상근자를 대상으로 집중 교육과 훈련 과정을 해야 합니다. 단순히 쟁점만 제시하고 끝내는 것이 아니라, 마을규약 정비 워크숍을 여러 차례 열고 그 내용을 충분히 숙지하는 과정이 병행되어야 합니다. 이를 통해 마을 현장을 다니면서 주민들과 함께 현장포럼이나 사랑방 강좌 형태로 직접 마을규약 제정(개정) 작업을 하도록 지원해야 합니다. 이런 경험을 공유하며 시행착오를 줄여야 합니다.

우리는 농촌 마을만들기 활동이 주민들의 자치 활동보다 행정사업이 선행하면서 나타나는 문제점을 여전히 곳곳에서 보고 있습니다. 마을규약처럼 기본적인 마을자치 시스템 정비가 먼저 이루어져야 행정사업도 실질적으로 도움이 될 수 있습니다.

  독자 여러분과 마을규약을 검토하고 토론하며 개정하는 경험을 함께 공유할 수 있기를 기대합니다.

당진시 마을자치규약 준칙 표준안 제정 과정 참여 경험

유재석 삼웅리친환경영농조합법인 대표

당진시의 변화와 마을규약 제정 배경

당진은 1980년대까지 전형적인 농어촌 마을이었습니다. 산업화와 도시화 과정을 거치면서 외적 팽창과 더불어 급격한 외부 인구 유입이 이루어지고, 이로 인해 지역이 큰 변화를 겪었습니다. 과거 농어업 위주의 단순한 생활공동체였던 마을은 다양하고 복잡한 양상을 띠게 되었습니다. 생활 여건의 변화에 따라 주민들의 요구도 개발이나 시설 개선 위주의 단순한 양적 지원에서 환경, 복지, 교육 등 생활의 질을 높이기 위한 요청이 늘어났습니다. 따라서 마을공동체의 의사 결정 과정도 복잡해지고, 외부 인구의 급격한 증가는 마을의 새로운 갈등과 분쟁의 계기가 되기도 했습니다.

농경 시대의 관습과 전통으로 대부분의 농촌 마을조직은 몇 가지 공통된 특성을 가지고 있습니다. 구성원의 생업이 유사하여(농어업, 산림, 축산 등) 동질성과 유대감이 강하고, 집성촌의 특색인 혈연 의식으로 인한 위계질서가 비교적 자연스럽게 이루어지며, 유교 문화 전통에 따라 하향식 의사 결정 과정이 큰 저항 없이 일종의 관행으로 자리 잡았습니다. 또한 경제 수준도 비슷해서 주민들의 요구나 지향하는 바가 비교적 단순했습니다.

그러므로 마을공동체에서 생기는 분쟁을 조정하거나 중요한 의사 결정을 할 때 규칙이나 원칙이 아닌 편의에 따라 적당히 타협하기도 하고, 문중 또는 연장자의 조정에 의존했습니다. 물론 사회적 환경이나 정치 체제의 비민주적인 상황에 기인한 주민의 자율적 판단 경험 부재도 한몫했다고 볼 수 있습니다.

주민들의 이동 양태도 달라졌습니다. 과거에는 대규모 도시 진출 일변도였으나, 지금은 거꾸로 귀농귀촌인들이 정착하여 일정 규모 이상의 세(勢)를 형성하여 마을에서의 발언권도 과거와는 다른 상황을 보이고 있는 현실입니다.

이러한 현실에서 마을조직 운영과 의사 결정 과정을 투명하고 공개적으로 해야 할 필요성이 강하게 요구됩니다. 하지만 빠른 변화에 능동적으로 적응하는 데 많은 마을이 어려움을 겪으며 그에 따라 다양한 문제점이 나타나고 있습니다. 원인의 상당 부분은 명문화된 마을규약이 없거나 현재 규약의 불완전한 내용에 기인합니다.

이런 상황을 인식한 당진시는 명문화된 마을규약 표준안을 제정하기로 했습니다. 당진시의 273개 마을 가운데 마을규약이나 규칙을 운영하는 마을은 143개 마을(52%)에 불과했습니다. 산업화와 도시화가 이루어진 마을이 상대적으로 많은 지역이라는 점을 감안하면, 농산어촌 마을일수록 마을규약 제정 실태는 현저히 낮다는 것을 알 수 있습니다. 마을규약이 없는 이유는 '미제정'이 제일 많았고, 중간에 분실 또는 다른 규정 운영(개발위원회규정, 마을상조규정) 등이었습니다.

[표 1] 당진시의 마을규약 유무와 없는 이유(2017년 기준)

	마을규약 유무			마을규약이 없는 이유				
	합계	유	무	합계	미제정	분실	제출 거부	타 규정*
마을 수	273	143	130	130	88	15	6	21
비율(%)	100.0	52.4	47.6	100.0	67.7	11.5	4.6	16.2

* '타 규정'은 공동주택관리규약 또는 개발위원회규정, 마을상조규정 등을 적용함을 의미함.

마을규약의 필요성을 느낀 사례들

마을규약이 있는 마을도 내용이 불완전하고 오래 전에 제정된 것이 많아 개선해야 할 필요성이 제기되었습니다. 현장 조사 사례를 보면, 어떤 마을은 일제 시대(1930년대)에 제정한 '마을상조규정'을 최근까지 마을규약으로 운영하고 있었습니다. 또한 귀농귀촌인들에게 편파적인 규정을 적용해 과다한 회비와 기금을 강요하거나 충분한 설명이나 근거 없이 금품을 요구하여 지속적인 갈등을 야기하는 경우도 있었습니다.

전통적인 마을 주민과 새로 만들어진 공동주택 주민 사이의 불화로 이장이 두 사람 선출되는 사례도 있었습니다. 어떤 마을은 마을 공동재산을 임의 처분하여 주민 사이에 고소, 고발 사태로 번져 전·현직 이장을 포함하여 마을 임원 여럿이 구속되는 사례도 있었습니다.

도시화와 산업화로 인한 당진 지역의 외적 팽창은 당연히 내적 변화를 수반했고, 다양한 갈등과 분쟁 사례도 폭발적으로 늘었습니다. 특히 읍면 소재지를 중심으로 공동주택단지와 전형적인 농어촌이 복합적으로 구성되는 형태의 새로운 마을이 많이 생겨 과거의 의사 결정 방식이 통하지 않을 정도로 복잡해졌습니다. 기존 주민 입장에서 보면, 소위 '똑똑한 이방인'으로 통칭되는 귀농귀촌인들이 지속적으로 유입되면서 이러한 현상이 상승 작용을 해 더 이상 과거의 관습과 관행으로는 문제 해결이 어렵다는 점을 행정과 주민 모두 자각하게 되었습니다.

회의와 토론 문화에 익숙하지 않은 농어촌 주민들 인식이 달라지면서 현재의 불완전한 마을규약을 개선하고자 하는 의지가 생겼습니다. 이러한 변화를 반영하고, 또 현재의 마을 실정에 맞도록 새로운 내용을 제시하되, 마을공동체의 정체성을 유지할 수 있는 개선된 마을규약이 필요해졌습니다.

표준안 제정의 추진 과정과 주요 내용

2017년 5월, 당진시는 '마을자치규약 준칙 표준안 제정' 방침을 결정했습니다. 6월에는 당진시 관내 273개 리·통의 마을규약 운영 실태를 조사했습니다. 7월에 당진시 자치행정과가 주도하여 민관 합동으로 '실무회의'를 구성했는데, 여기에는 관련 공무원과 전·현직 이·통장, 마을 활동가, 법률 전문가 등이 참여했습니다.

이후 다섯 차례 회의를 통하여 표준안을 만들고 마을회 운영에 필요한 각종 서식과 재정, 비품 및 재산관리대장, 회의록, 인수인계서, 회의 진행 방법과 진행에 필요한 부수 내용까지 만들어 2017년 10월, 당진시 273개 마을에 배포했습니다.

표준안은 마을회 조직을 합리적 자치조직으로 전환하는 기준을 제시했습니다. 과거 마을 상조회 수준에서 이루어지는 구태성과 취약성을 보완하는 표준안이 필요하다 판단했기 때문입니다. 또 주민자치를 뒷받침하는 기반을 만들기 위한 합리적 기준을 제시하고, 마을의 다른 조직(개발위원회, 노인회, 부녀회, 어촌계, 공동주택관리자회의 등)과 유기적인 관계를 갖도록 제안했습니다. 따라서 표준안은 복잡한 항목의 나열보다 마을에서 쉽게 적용할 수 있는 일반 원칙을 도출하도록 구성했습니다.

그러나 마을마다 규모와 재정 등의 여건이 다르기에 당진시의 표준안을 기반으로 하되, 마을의 특색을 고려한 마을 고유의 규약을 만드는 일은 주민들의 몫으로 넘기기로 했습니다.

현실적으로 하나의 자치단체에 3천 세대 이상의 주민이 사는 마을과 30세대 이하의 주민이 사는 마을이 공존합니다. 그러므로 표준안의 일률적인 적용을 권장하기보다는 각 마을 상황에 맞는 현실적인 고려가 선행되어야 함을 감안했습니다. 결국 당진시의 표준안 제정은 변화하는 시대에 맞추어 마을 공동의 미래를 지향하는 주민자치의 실천적 안내서 역할을 하는 것이 목적이라 할 수 있습니다.

표준안 내용은 1 마을 주민과 회원에 대한 정의와 규정, 2 회원의 권리와 의무, 3 마을총회와 마을 협의회, 마을 운영회, 개발위원회 등의 규정, 4 마을 회계와 재정(회비, 기금, 운영비), 공동재산(관리, 취득, 처분)에 관한 규정, 5 임원(임기, 역할, 해촉)에 관한 규정 등을 망라하고 있습니다.

특히 토착민과 이주민(귀농귀촌) 사이에 자주 일어나는 갈등을 방지하기 위해 회비(가입비)에 관한 규정과 회원 자격 등을 지방자치법과 공동주택관리규약 등을 근거로 해서 분쟁의 요소를 최대한 없애려고 노력했습니다. 또한 공동재산과 자료 보관 및 관리에 대한 내용을 명시하여 마을 대표가 바뀌면서 일어나는 단절과 혼란을 최소화하고 마을공동체의 지속성을 유지하도록 했습니다.

표준안의 장의 순서와 주요 내용은 다음과 같습니다.

1장 총칙. 마을 이름, 마을회 목적, 적용 범위 등

2장 마을 회원. 회원의 자격과 가입 방법, 권리, 의무 등

3장 마을회 조직. 이장을 비롯한 임원 구성과 선출 방법, 임기, 직무 등

4장 마을총회. 총회의 역할과 소집 방법, 회의 성원 및 의결 정족수 등

5장 마을 임원회. 임원회의 권한과 역할 등

6장 재정 운영. 회계연도와 재정 관리 방법, 수입과 지출 등

7장 재산 관리. 마을기금이나 부동산 등의 관리 방법, 취득과 매각 방법 등

8장 자료 관리. 회의록, 회계장부, 재산 변동 서류 등의 작성과 보관 방법, 인수
인계 방법 등

부칙. 마을규약의 효력 발생 시점 등

부록으로 체계적인 회의 문화에 익숙하지 않은 주민들을 위해 효과적인 회의
진행 요령과 절차를 요약해 실었고, 회의록 등 관련 서식도 담았습니다.

마을규약 표준안 보급은 출발점일 뿐

마을규약은 그 마을의 특성과 전통을 감안하여 창조적으로 제정하고 민주적
으로 운영해야 하는 것이 대전제입니다. 규약의 표준안을 제시하는 것은 변화하
는 농어촌 마을 환경에 자연스럽게 적응하기 위하여 주민 스스로 새롭게 보완하
고 정비하는 의무도 동시에 감당해야 한다는 메시지이고 일종의 참고 자료일 뿐
입니다. 또 마을규약에 따른 마을회 운영은 이장을 포함한 마을 리더들의 자발적
의지와 함께 회의실 확보와 관리, 효율적인 회의 진행 등으로 이어지는 주민자치
의 최소한의 필요조건일 뿐입니다.

일부 마을에서는 일제 강점기와 6.25 전후, 그리고 1960년대 이후와 1990년대
이후 등 중요한 시점마다 마을규약을 개정해 운영하는 경우도 있습니다. 필자가
사는 마을이 그러합니다. 하지만 대부분의 마을은 현실에 맞지 않는 마을규약을

지금까지 운용해 오고 있는 실정이었습니다.

당진 지역은 급격한 산업화와 도시화가 진행되고 있음에도 불구하고, 지금도 농경 사회의 미풍양속이 많이 남아 있습니다. '충청도 인심' 또는 '양반 문화'라고 말하는 아름다운 전통도 살아 있습니다. 그러나 농촌 문화와 지역 사회에 익숙하지 않은 많은 귀농귀촌인들은 정착 과정에서 소통의 부재와 규정되지 않은 관행 사이에서 실망과 혼란을 겪게 되고 새로운 갈등의 원인을 낳기도 합니다.

마을규약 표준안 제정이 마을의 갈등을 완화하고 아름다운 전통은 계승하면서 소통과 대화를 기반으로 하는 마을공동체의 민주적 운영 경험과 마을자치 역량을 함께 개발하고, 균형 있는 공동체 발전을 도모하는 계기가 되기를 바랍니다.

예산군 삽교읍 상하1리의
기록 보존과 마을규약

복권승 협동조합 품 대표 / **장윤수** 충남마을만들기지원센터 연구원

충남 예산군 삽교읍 상하1리는 기록 보존의 중요성을 오래 전부터 깨닫고 다양한 마을기록물을 보존·관리해오고 있습니다. 특히 2017년에는 마을 박물관을 열었는데, 이러한 기록물과 유물 등을 체계적으로 정리하여 진열해 두었습니다. 또 마을에서 일어났던 대소사를 사진과 연보를 통해 쉽게 만나볼 수 있습니다. 이 글은 2018년 3월 13일에 진행한 상하1리 김세환 노인회장과의 인터뷰 내용을 정리한 것입니다.

기록의 중요성을 깨닫고 보존해 온 상하1리 마을

우리 마을에서는 기록의 중요성을 인지하고 옛 기록부터 현재 기록까지 잘 보존해 오고 있습니다. 2017년, 과거 농기계 창고였던 건물을 개조해 마을 박물관을 열었습니다. 농식품부 창조적마을만들기사업의 일환이었는데, 내부 공사 비용은 없어 주민들이 기금을 모아 시설을 갖추고 다양한 기록물과 유물을 정리해

보관하고 있습니다.

마을규약은 그동안 세 차례 정도 정비를 거쳐 현재에 이르고 있습니다. 과거 마을회관이던 지금의 노인회관은 처음에는 새마을회 명의로 돼 있었으나, 노인회관을 2층으로 증축하면서 노인회 소유로 변경했습니다.

많은 마을이 규약을 가지고 있지만, 그대로 따르는 경우가 적은 것이 현실입니다. 다급하거나 분쟁이 있을 때만 규약을 찾죠. 우리 마을도 1970~1980년대에 분쟁이 생겨 읍사무소까지 가서 개발위원회를 열어 결론을 맺은 일이 있습니다. 그 뒤에는 화합을 이뤄 지금까지 화목한 마을 분위기가 이어지고 있습니다.

마을규약의 중요성은 이루 말할 수 없지만, 정관만 따른다고 마을을 이끌 수 없다는 게 현실이기도 합니다. 다양한 의견을 수렴하면서 이의가 없는지 항상 묻고 소통하는 것이 바람직합니다. 물론 세대의 변화에 따라 규약으로 정해야 하는 부분도 분명 존재하지만 말입니다.

귀농귀촌인과 원주민의 갈등

현재 마을이 당면한 가장 큰 문제는 귀농귀촌인들과 원주민 사이의 갈등입니다. 농촌에 살기로 마음먹고 이주한 사람들은 그나마 괜찮지만, 도시에서처럼 생활하려고 하는 귀농귀촌인들은 전혀 어울릴 생각을 가지고 있지 않습니다. 열 가구가 있다면 두세 가구만 함께 어울리고, 나머지 가구는 인사조차 하지 않는 경우도 있습니다.

예전에는 주민등록을 옮길 때 반장이나 이장까지 도장을 받아야 했는데, 지금은 그러한 제도가 사라져 누가 이사를 오는지도 알 수 없습니다. 읍사무소에서도 이장에게 한 달에 한 번 정도 알려 주다 보니, 시시각각 이사가 오고 나가는 것을 알 수 없게 되었습니다. 농촌 마을에서 서로 인사를 주고받는 일은 아주 중요한데, 그마저 이뤄지지 않고 있으니 큰 문제입니다. 귀농귀촌 인구의 증가로 마을에는 자동차만 십여 대 이상 늘어난 실정입니다. 그만큼 먼지와 쓰레기도 늘어나고 있습니다. '농촌건강장수마을'과 '참살기좋은마을' 안내판 앞에도 각종 쓰레기를 갖다 버리는데, 경고문을 붙여 보지만 소용이 없습니다. 이처럼 마을의 질서와 규칙을 잘 지키지 않음에도 한 마을의 주민이니 보듬고 가야 하는데, 이렇다 할 뾰족한 수가 없는 것이 문제입니다.

땅을 사서 농사를 지을 요량으로 마을에 들어오는 사람은 그나마 50% 정도는 정착을 한다고 볼 수 있습니다. 그러나 연립과 같은 공동주택을 짓고 생활하는 이들은 마을 활동에 거의 참여하지 않습니다. 우리 마을에도 연립주택이 들어서면서 여섯 가구가 이사왔습니다. 원주민인 이장과 새마을지도자, 개발위원이 먼저 찾아가 인사를 하려 했지만 여섯 가구 중 두 가구만 만날 수 있었고, 이들마저 마을회비는 내지 않겠다는 입장이었다고 합니다. 농사를 안 짓는 집은 평일 낮에는 출근을 해서 만나기 어렵고, 주말에는 여행을 다니니 만날 수 없는 실정입니다.

그러면서 자신의 권리만 주장하는 경우도 있습니다. 부녀회 모임을 하는데, 새로 이사 온 한 주민은 주민 명단에 왜 자기 이름이 없느냐고 되물었다 합니다. 또 "이장이 인사를 오지 않는다", "문패를 달아 주지 않는다"고 불평을 쏟아낸 이주민들도 있었습니다. 근본적인 문제 해결을 위해 서로 왕래하며 소통하는 것이 가장 중요함에도 만날 기회조차 만들기 쉽지 않다는 것이 큰 문제입니다. 원주민 입장에서는 이처럼 사회생활을 하는 분들이 마을 일에 참여하면 정말 큰 도움이 됩니다. 함께 협력하고 마을 일에 동참하기를 희망하고 있습니다.

마을회비와 기금 관리

우리 마을에서는 '모조'라고 부르는 마을회비를 걷습니다. 가을에는 수확한 벼의 일부, 여름에는 보리의 일부를 내놓던 전통을 이어가고 있는 것인데, 지금은 벼 값과 보리 값에 준해 현금으로 걷습니다. 이장에 대한 모조는 걷고 있지만 이장에게 지급하지 않기로 정하고 마을회비로 포함시키고 있으며, 반장들에게는 지금까지도 지급하고 있습니다. 마을 대소사는 대부분 개발위원회에서 담당합니다. 때문에 개발위원회 정관을 잘 갖추고 철저하게 지키며 운영하고 있습니다. 개발위원회는 사업자등록증, 고유번호증, 법인 통장을 모두 만들어 운영 중입니다. 마을 주민 모두에게 균등한 주민세나 적십자 회비는 마을기금으로 냅니다.

규약에 대한 별도의 시행 규칙은 없고, 주민들에게도 별도의 교육을 하고 있지는 않습니다. 현재 마을에는 일흔 세 가구가 사는데, 그 중 귀농귀촌 가구가 다섯 가구입니다. 마을에 주소는 두고 있지만 마을 회원으로 가입하지 않은 경우에는 권리는 주장할 수 없지만, 그렇다고 마을 주민이 아니라고 분리할 수도 없습니다. 만약 그렇게 하면 그야말로 서로 인사도 하지 않고 완전히 떨어져 나가 남남이 될 수밖에 없기 때문입니다.

마을회 입회비는 우리 마을에서는 '신입조'라 부르고 10만 원으로 정했습니다. 쌀 다섯 말 값으로 정해 지금까지 이어오고 있습니다. 그러나 이마저도 내지 않으려는 사람들이 있습니다. 연립주택 여섯 가구 중 한 가구만 낸 것으로 압니다. 상황이 이렇다 보니, 마을에서는 기부는 고사하고 마을 일에 참여만 해도 고마움을 느낍니다. 신입조를 제외한 별도의 마을회비는 없습니다.

마을에서 특별 행사를 할 때는 '추렴'이라고 해 비용을 균등하게 나눠서 내자는 의견이 있었지만, 반대하는 사람이 있었고 이후에는 형편에 맞게 찬조를 받아 진행하고 있습니다. 반상회 때는 회비가 부담스러워 참여하지 않는 가구가 있을 수 있다는 점을 감안해 떡과 막걸리를 내게 하는 등 부담이 없게 하는 형태로 운영하고 있습니다. 노인회에서는 연회비 2만 원씩을 받고 주민 찬조 등으로 선진지 견학을 합니다. 그밖에 필요한 돈은 감자, 고구마, 하수오 등을 판매하는 수익사업을 통해 마련하고 있습니다.

마을 주민의 투표권과 마을조직

마을 임원을 선출하기 위한 투표를 할 때, 세대당 한 명(세대주)이 참가하는 것을 원칙으로 하고 있습니다. 행정적으로 주민등록이 되어 있는지 여부는 확인하지 않고, 다만 모조나 기타 마을 일에 한 번이라도 동참한 적이 있는 주민은 인정하고 있습니다. 중장기적으로는 세대당 한 명이 투표권을 행사하는 것이 아니라 마을 주민 모두가 1인 1표를 행사할 수 있는 방향, 또 19세 이상의 주민이면 모두에게 선거권을 주는 방향으로 나아가야 합니다. 그러나 각각의 방식에는 장단점이 있습니다. 1인 1표는 여럿이 담합하면 결과를 조작할 수도 있습니다. 그러한 차원에서 이장 선출은 투표가 아닌 추대 방식이 바람직하다고 생각합니다. 마을에서도 이장 선출을 투표로 진행한 적이 있지만 대부분은 추대 방식을 선택하고 있습니다.

우리 마을조직은 마을회, 노인회, 부녀회, 청년회, 개발위원회 등이 있습니다. 개발위원장은 이장이 겸하고 있고, 마을 전체 회장은 없습니다. 과거에는 리(里) 서기가 있었지만 지금은 존재하지 않습니다. 장수마을 개발위원회에는 13명의 개발위원이 참여하고 있습니다. 이장, 노인회장, 반장, 청년회장, 부녀회장, 새마을지도자 등이 당연직으로 참여하고 나머지는 각 반에서 추천한 분들이 맡고 있습니다. 개발위원회는 마을의 대소사를 결정하는 대표 기구라고 할 수 있습니다.

마을재산 관리와 기록물 보존

마을재산 관리는 최대한 투명하게 운영하도록 노력하고 있습니다. 특히 노인회는 별도의 직인을 만들어 통장으로 관리하고, 마을 통장도 별도의 통장을 개설해 관리합니다. 새마을회 통장도 별도로 갖고 있으며, 총무와 재무를 구분해 마을재산을 공동으로 관리하고 있습니다. 노인회나 마을회비에 대해 궁금한 사람은 언제든지 노인회관에서 열람할 수 있도록 자료를 비치해 두고 있습니다. 이장이나 각 조직의 회장이 바뀔 경우, 인수인계서를 통해 업무가 이어질 수 있도록 하고, 이밖에 다양한 자료를 체계적으로 정리하여 보관 · 보존해 오고 있습니다. 이러한 우리 마을의 사례를 농식품부 행복마을콘테스트에서 발표한 적이 있고, 최근에는 사진을 포함한 다양한 자료를 총망라하여 마을 박물관에 보존하고 있습니다.

마을회의와 기록

마을만들기는 무엇보다 주민 스스로가 주인공이 되는 마을자치가 가장 중요합니다. 주민 스스로 할 일은 자주적으로 해결할 수 있어야 합니다. 행정에 미루거나 전문가에 의존하는 방식으로는 마을 발전이 어렵습니다. 그래서 '학습하는 마을'을 강조합니다. 학습한다 하여 꼭 책을 읽고 토론하는 것만을 의미하지 않습니다. 마을 일에 대해 모여서 상황을 공유하고 앞으로 헤쳐나갈 방향을 논의하는 것도 모두 학습입니다.

이런 점에서 마을회의를 어떻게 진행하느냐는 매우 중요합니다. 주어진 권한은 무엇이고, 누가 모여서, 어떤 내용을 토론하고, 결정 사항은 어떻게 추진할 것인지 이런 점에 대해 마을에서 합의를 해야 합니다. 마을조직도와 마을규약에도 반영되어 있어야 합니다. 또 이런 회의 결과는 마을만들기 역사의 하나로 기록으로 남아야 합니다. 회의를 잘하고, 기록을 잘 남기는 것이 마을만들기의 기본입니다.

이렇게 마을회의를 통해 민주적으로 의사 결정을 하고, 기록을 잘 관리하는 마을은 무엇이 달라도 다릅니다. 좋은 아이디어도 꽃을 피우고, 마을 일을 하면 할수록 주민 사이의 신뢰감과 자신감도 늘어납니다. 반대의 경우에는 항상 갈등을 동반할 수밖에 없습니다. 전국의 많은 마을에서 이미 경험하고 있는 사실입니다. 독자 여러분도 이 글들을 읽고 마을에서 작은 실천이나마 시작해 보시기를 바랍니다.

마을자치의 힘,
회의를 통해 성장한다

구자인 충남마을만들기지원센터장

마을의 공식적 · 비공식적 의사소통과 의사 결정 방법

마을은 다양한 주민들 사이에 의사소통의 여러 채널이 존재하고, 공동의 문제에 대한 의사 결정 과정을 거듭하면서 하나의 생활공동체로서 정체성을 확립해 나갑니다. 공식적인 마을회의도 있지만 비공식적으로 이뤄지는 방식이 많을수록 끈끈한 관계망이 이루어지고 신뢰 관계도 탄탄해집니다.

예전에는 이런 소통 경로가 우물가나 빨래터, 정자나무 아래, 겨울철 사랑방 등 매우 다양했습니다. 또 두레나 품앗이 같은 공동노동의 현장이나 마을 공동식사, 관혼상제 같은 공동행사 등을 통해 한마을에 사는 주민으로서 일체감을 가질 수 있었습니다.

하지만 농업의 기계화와 근대화, 생활 방식의 변화 등은 주민들이 서로 만날 수 있는 기회를 제한하고 의사소통의 기회도 매우 단조롭게 만들었습니다. 또 교통이 발달하며 이동이 잦아지고, 출퇴근 일자리도 늘어나면서 함께 모일 수 있는 시간도 줄었습니다. 게다가 결혼식이나 장례식도 마을을 벗어나 읍내나 인근 도시, 심지어 멀리 대도시에서 치러지면서 주민 모두가 참여하는 의식적으로 기획하지 않는 한 현저하게 줄어들었습니다.

이런 역사적 과정에서 주민들 사이의 의사소통이 힘들어지고, 공동의 경험은 축소되며, 단순한 오해가 겹쳐 해소되지 않은 채 심각한 갈등으로 번지는 경우가 종종 생깁니다. 마을공동체 활동이 활발하고 행정사업이 많은 마을에서는 공동 행사가 많아지는 동시에 소통 부족으로 인한 오해와 갈등이 증폭되는 경우가 많습니다. 이러한 문제를 극복할 수 있는 지혜로운 방법을 찾아야 합니다. 마을회의는 바로 이 점에서 매우 중요한 역할을 담당합니다.

마을회의는 적으면 적을수록 좋은 점도 있습니다. 마을회의를 하지 않아도 서로 신뢰하고 소통이 잘된다면 이보다 좋은 마을이 없을 것입니다. 하지만 20세기 100년 간 공동체 파괴의 역사를 거치면서 마을의 자생력은 상당 부분 훼손된 상태입니다. 그래서 마을 공동의 문제를 해결하고 발전 방향을 모색하기 위해서는 마을회의를 시대에 맞게끔 민주적으로 복원해야 합니다. 문제의식을 공유하고 이야기를 나누는 과정 자체가 마을회의의 중요한 의미이기도 합니다.

마을회의의 다양한 유형과 발전 방향

마을은 자연적, 지리적, 역사적 이유로 매우 다양한 유형이 있고, 가구 수 규모도 다양합니다. 하지만 하나의 마을로 작동하기 위해서는 마을회의가 반드시 필요합니다. 마을회의의 유형은 다양하지만, 다음과 같은 내용이 공통적이라 할 수 있습니다. 개선 방향을 포함하여 의견을 제안하자면 다음과 같습니다.

마을총회는
가능하면 연간 2회 엽니다

마을의 최고 의사 결정 기구로서 주민이 모두 참여하는 마을총회는 반드시 열어야 합니다. 이름은 마을마다 다를 수 있지만, 이런 총회를 통해 마을의 중요 임원 선출과 회계 보고, 사업 결산과 새해 계획 보고, 규약 개정 등이 이뤄집니다. 단합대회 성격도 갖는 총회 자리는 마을의 가장 큰 행사에 해당합니다. 마을총회가 정기적으로 잘 열리고, 그 기록을 잘 보전하는 마을은 다툼이 적습니다.

이런 총회는 대개 1년에 한 번 연말이나 연초에 열립니다. 하지만 주민 모두가 참여해 중요한 의사 결정을 하는 정기총회를 1년에 단 한 번 열어서는 부족합니다. 적어도 상반기 1회, 하반기 1회로 연간 2회 정기총회를 여는 것이 지금 마을 실정에 적절합니다. 상반기 총회가 중간 점검이라면, 하반기 총회는 연말 결산을 거쳐 1월 중에 대동회 성격으로 열면 좋을 것입니다.

마을총회는 나름대로 격식을 갖추고, 어린이들도 참관시키는 것이 마을 미래를 위해 바람직합니다. 마을규약을 낭독하고, 주민 공연도 넣어서 마을 발전을 위한 꿈을 서로 공유하는 축제 자리가 되면 좋겠습니다. 출향인도 마을총회에 참석해 고향 발전을 위한 제안도 하고, 멀리 있지만 각자가 할 수 있는 역할을 찾아 보는 것도 좋겠습니다.

총회의 의장은 이장이 겸할 수도 있지만, 역할 분담 차원에서 분리하는 것이 바람직합니다. 마을회의의 대표로 정한 회장이 별도로 있다면 당연히 의장을 맡으면 됩니다. 그렇지 않다면 총회에서 별도로 의장을 정해 진행하고, 이장은 경과 보고와 활동 보고를 하는 역할로 분담하는 것이 좋습니다. 규모가 큰 마을이라면 당연히 분리하고, 작은 마을이라면 분리해 가는 방향이 바람직할 것입니다.

월례회의는
매월 1회 정해진 날에 엽니다

매월 1회 열리는 마을회의는 주민 모두가 참가한다는 점에서 임시총회 성격이 강합니다. 월례회의라 부를 수도 있습니다. 주민 전체가 참여해 공유하고 결정한다는 점에서 총회와도 유사합니다. 다만 논의하는 안건이 마을의 일상적인 대소사에 해당한다는 점에서 총회라기보다 정기회의라 할 수 있습니다.

정기회의는 말 그대로 '비가 오나 눈이 오나' 정해진 날에 열어야 합니다. 마을 주민 모두가 외우기 좋도록 '매월 5일', 또는 '첫째 주 월요일 저녁' 이렇게 정해 두면 좋습니다. 날짜는 읍면사무소에서 매월 1회 정기적으로 여는 이장회의 날짜와 연계해 2~3일 후로 고정하면 효과적일 것입니다. 이 날은 주민 모두가 참여하는 공동학습과 행사로 병행하면 효과가 더욱 높을 것입니다.

시간대는 계절에 따라 조절할 수 있습니다. 예를 들어, 봄부터 가을까지는 아침 공동작업을 하고 마을회의를 연 뒤에 점심식사까지 하면 마을 단합에 좋을 것입니다. 매월 1회 '마을 대청소'를 할 필요가 있다는 점에서 제안합니다.

반면에 겨울이면 오후가 좋겠습니다. 외부 강사를 초청하거나 경험담 발표 등 공동학습의 자리를 갖고 마을회의를 한 뒤 함께 식사를 하면 좋을 것입니다. 공부하는 마을이 미래가 밝다는 점에서 공동학습과 식사를 마을회의와 묶어서 열면 어떨까요.

다만 지금은 마을 주민 구성원이 다양해져 출퇴근하는 사람도 늘고 있기에 회의 시간을 저녁이나 주말로 해야 할 수도 있습니다. 마을마다 합의해 정해야 할 것이지만, 회의 날짜가 수시로 바뀌거나 낮 시간에만 하면 일부 주민들을 배제하게 될 수도 있습니다. 마을 공동작업에는 부득이하게 빠지는 사람이 있기 마련인

데, 이런 경우에는 '죄송한 마음'을 담아 약간의 '벌금(기부금)' 성격으로 일정 액수를 정해 내도록 하면 좋을 것입니다.

운영위원회는
임원회의 성격으로 일상적 조율을 해야 합니다

마을 대소사는 월례회의에서 다뤄야 할 안건도 있고, 급하게 결정해야 하는 사안도 있습니다. 또 월례회의 이전에 미리 상의해 정리해 둬야 할 것도 있죠. 이런 점에서 마을 임원회의 성격의 운영위원회도 매월 1~2회 정기적으로 열어야 합니다. 특히 마을 사업을 추진 중일 때는 매월 2회 이상 정기적으로 열어 일상적인 조정과 의사 결정이 순조롭게 이뤄져야 합니다.

운영위원회 구성은 마을의 중요 임원이 모두 참가할 수 있어야 합니다. 이장을 비롯해 노인회장, 부녀회장, 청년회장, 새마을지도자, 그리고 반장은 기본으로 참여합니다. 여기에 개발위원과 총무, 작목반장, 농협 대의원, 마을 법인 대표 등도 참여시킵니다. 대체로 10~15명 정도가 될 것입니다. 회의 횟수를 줄이고 의사 결정 과정을 명확히 한다는 점에서 현재의 개발위원회를 확대해 구성하거나 대체하는 것도 한 방법입니다.

운영위원장은 이장이 겸할 수도 있고, 별도로 두는 방안도 있습니다. 회장을 선출했다면 그 회장이 당연히 운영위원장을 겸직하는 것이 효율적입니다. '권한과 책임'을 명확히 하고 일정한 견제와 감시 역할도 생각해 보면, 분리하는 것이 바람직합니다. 마을 사업을 추진 중이라면 추진위원장이 별도로 있을 수 있고, 당연직으로 운영위원회에 참가해야 합니다. 운영위원장이 회의를 주재하고, 행정과의 소통 업무는 이장이, 마을 사업 추진 내용은 추진위원장이 보고하는 역할 분담을 지향해야 한다고 제안합니다. 물론 모든 마을마다 이렇게 분리하는 것은 무리가 있음이 분명합니다.

운영위원회가 정기적으로 열려 일상적인 결정을 원활하게 하고, 월례회의 안건도 잘 정리된다면 마을 분위기는 매우 밝아질 것입니다. 회의 횟수가 많아질수록 불편해지는 것은 사실입니다. 임원을 맡고, 마을 사업까지 진행하면 피로감이 쌓일 수밖에 없습니다. 하지만 이런 경험들이 축적돼 마을 내부 소통이 잘되고 회의 진행도 잘된다면 권한을 '위임'하는 방식으로 일부 해결할 수 있을 것입니다.

다양한 조직별 회의를
필요에 맞게 수시로 열어야 합니다

마을에는 다양한 조직이 있는데, 크게 보아 생활공동체 조직, 경제공동체 조직, 동아리 조직 등으로 구분할 수 있습니다. 각 조직에 맞게끔 회의 성격도 다르고 횟수와 방식도 달라질 수 있습니다.

생활공동체 조직은 노인회, 부녀회, 청년회 같은 전통적인 마을조직입니다. 매월 1회 정기적으로 모일 필요도 있고, 안건에 따라 수시로 모일 수도 있습니다. 계층별 특성이 비슷하기에 논의 안건도 단순한 편입니다. 또 해마다 정기총회를 통해 임원을 선임하고, 회계 보고를 하며, 중요 사항을 결정하는 방식은 동일합니다. 오랫동안 반복돼 오기에 쉬울 수도 있지만, 시대 변화가 가파르다는 점을 고려하면 시대에 맞게 변모할 필요도 있습니다.

경제공동체 조직은 작목반, 영농조합법인, 협동조합 같이 마을에서 비교적 새로운 조직입니다. 행정의 마을 사업을 계기로 만들어지는 경우가 많습니다. 이런 조직은 경제사업을 담당하기에 회의 진행과 기록 관리를 철저히 해야 합니다. 소위 '목숨 걸고 해도 힘든 것이 돈 버는 일'이라는 말이 있듯이, 경제사업은 '뜻 맞는 사람'이 모여 최선을 다해 운영해야 합니다.

경제공동체 조직은 운영 과정과 결과를 투명하게 마을 주민 모두와 공유해야
합니다. 특히 마을총회에서 결정한 사항(마을 사업비 배분, 일자리 제공, 이익 환원
등)의 추진 경과와 결과는 문서 형태로 마을총회와 운영위원회에 수시로 보고해
야 합니다. 이를 조금이라도 게을리 하면 바로 갈등이 생깁니다. 대신에 마을 주
민들은 이런 경제공동체 조직에 애정을 가지고 박수를 보내야 합니다. 마을의 경
제 자립을 위해서는 경제공동체 조직이 반드시 필요하고, 이런 노력을 존중해 줄
때 마을 발전도 이뤄지기 때문입니다.

마을의 동아리 조직은 취미나 문화생활, 복지 욕구 등에 따라 다양한 형태가 있
습니다. 탄탄한 조직 형태일 수도 있고, 느슨한 프로그램 형태일 수도 있죠. 마을
사업이 활발하면 동아리 종류도 늘어나고, 안정되면 생활공동체나 경제공동체
활동으로 흡수되어도 무방할 것입니다. 동아리 조직의 회의는 비교적 단순한 편
이지만 회계와 관련해서는 철저해야 합니다. 사소한 돈이라도 투명하게 지출하
고 관리해야 하는 것은 어느 조직이나 마찬가지입니다.

마을 (행정) 사업 추진위원회는
더욱 철저하게 엽니다

행정에서 사업비를 지원받으면 추진위원회라는 조직을
의무적으로 만들어야 합니다. 대개는 주민 다수가 참여하도록 요구받고 있기에
기존의 마을회와 거의 동일하게 구성되지만, 행정사업비를 지출하다 보니 조직
과 대표 이름이 달라집니다. 조직 이름은 'ㅇㅇ 추진위원회'이고 대표는 위원장
이라 불립니다. 무엇보다 마을회와 다른 점은, 행정사업비를 지출한다는 데 있습
니다.

이처럼 추진위원회는 행정 예산과 명확한 사업을 매개로 구성됐기에 회의 체계 또한 매우 분명해야 합니다. 의사 결정을 위한 추진위원회 회의가 정확하게 열리고, 회의록도 문서로 남겨야 합니다. 회계 보고도 수시로 해야 하고, 증빙 영수증도 명확해야 합니다. 행정사업의 취지와 회계 관리 원칙을 잘 이해하고 있어야 갈등의 소지가 적습니다. 많은 마을에서 이 부분을 잘못 이해하고, 또 오해가 증폭해 "행정사업이 마을을 망친다"는 비판이 나옵니다.

우리가 일상적으로 마을회의를 잘해야 한다고 주장하는 까닭은 어쩌면 이런 행정사업을 원활하게 추진하기 위한 훈련 과정으로 보기 때문이기도 합니다. 평소 마을에서 회의와 기록 관리를 잘하고, 그런 훈련 과정이 쌓여 있다면 행정사업도 별 무리 없이 소화할 수 있습니다. 대개는 그렇지 못한 가운데 지나치게 큰 규모(억대)의 행정사업을 추진하기 때문에 문제가 생깁니다.

추진위원회 회의를 마을총회나 월례회의, 운영위원회 등과 완전히 분리해 열기는 어렵습니다. 독자적으로 회의를 해야 할 필요가 전혀 없지는 않지만, 참가 구성원이 거의 동일하기에 함께 여는 것이 효율적이기 때문입니다. 그럼에도 불구하고 목적이 엄연히 다르다는 것을 충분히 숙지하고 어떻게 조화를 시킬지 계속 검토해야 합니다.

특히 행정사업을 종료한 뒤의 조직 체계가 매우 중요합니다. 추진위원회를 해산하고 별도 법인으로 전환하는 방안, 또는 마을 사업을 책임지는 상시 위원회로 계속 두는 방안, 이 두 가지를 병행하는 방안이 있습니다. 사업의 성격에 따라 달라질 수 있는데, 행정사업을 추진하는 과정에서 이러한 조직 체계를 명확히 하고 운영과 회의 단위를 구분하지 않으면 '권한과 책임' 면에서 매우 혼란스러울 수 있기 때문입니다. 물론 조직 간의 소통은 늘 중요합니다. 그럼에도 생활공동체와 경제공동체, 그리고 동아리 사이는 '명확하게 구분하되 협력하는 관계'로 전환되어야 합니다.

마을회의 잘하는 방법과 절차

마을회의가 재미있고 의미 있으면 좋겠다, 이를 부정하는 주민은 없을 것입니다. 그렇다면 왜 마을회의가 즐겁지 않고, 결과도 명확하지 않을까요? 그냥 의무적으로만 참여하고 수동적인 자세에만 머무르는 까닭은 무엇일까요? 마을회의를 잘하는 방법을 다루는 교과서 같은 책도 여럿 있지만, 농촌 마을 현실에는 뭔가 맞지 않습니다. 그럼에도 배우고 익히며 조금씩 나아가야겠죠.

마을회의와 장소

농촌 마을 현실을 고려하고 마을회의 발전 방향을 검토할 때 풀어야 할 과제가 한 가지 있습니다. 바로 현재의 마을회관이 지나치게 좁고 불편하다는 구조적 문제입니다. 게다가 '할매방', '할배방'으로 나뉘고 주방도 있다 보니 세대주 한 사람씩만 참여해도 모두 앉을 수 없는 상황입니다. 마을 주민 전체가 참여하는 총회는 꿈도 꾸기 어렵습니다.

그래서 농촌 복지 측면에서 중장기적으로 현재의 마을회관을 신축하거나 증축하는 방안을 고려해야 합니다. 임시로 비닐하우스를 활용하는 방안도 있고, 실제 그렇게 하는 마을도 있습니다. 마을에 따라 마을회관 규모는 달라질 수 있고, 주민총회가 자주 있는 것도 아니기에 지나치게 클 필요도 없을 것입니다.

하지만 여러 주민의 의사를 수시로 들어야 하고, 주민 참여를 촉진한다는 점에서 마을회관은 새롭게 설계해야 합니다. 행정에서 사업비 지원이 있을 때를 잘 활용해 주민 전체가 한 자리에 들어갈 수 있는 공간을 확보해야 합니다. 칸막이는 이동식 벽이나 슬라이딩 도어를 설치하는 기술적 방식도 고려할 수 있습니다.

그리고 초고령화 시대를 고려할 때 미래의 마을회관은 어르신을 배려해 계단이나 출입구의 높낮이를 없애고, 입식 테이블과 좌석도 적극 검토해야 합니다. 또 어린이, 여성, 다문화 가족, 장애인 등 사회적 약자에 대한 배려도 중요합니다. 글을 모르는 분들도 배려해 안내판도 개선해야 하구요. 누구나 손쉽게 쓸 수 있는 제품이나 사용 환경을 만드는 디자인을 '유니버설 디자인'이라 하고, 어르신이나 장애인도 편안하게 이용하도록 장벽을 낮춘 주택을 '배리어 프리 주택'이라고 합니다. 농촌에서도 유니버설 디자인과 배리어프리 마을회관을 준비해야 할 것입니다.

마을회의를 잘하자면 이런 공간 문제를 반드시 해결해야 합니다. 지금의 마을회관은 봉건 시대, 새마을운동의 유산입니다. 앞으로 공동급식이나 그룹홈(공동생활 공간) 등도 고려하면서 마을회관이 다목적복지센터처럼 바뀌어야 할 것입니다. 미래의 농촌 복지를 고려한다면, 국가(행정)의 책임으로 마을회관의 복합 공간 전환을 적극 검토해야 할 시점입니다.

마을회의 분위기 설계

마을회의에 주민들이 즐겁게 참석하려면 사전에 분위기를 만들어야 합니다. 즐거운 분위기가 정착되면 누구라도 기꺼이 참석할 것입니다. 이장이 행정 사항만 전달하고, 위원장이 안건만 결정하려 하면 아무래도 회의 전체 분위기가 딱딱해질 수밖에 없습니다. 마을회의를 하는 장소의 분위기를 사전에 잘 설계하는 것이 중요합니다. 다음과 같은 사항을 제안합니다.

마을회의 시작 전에 주민 공연을 하거나 함께 노래부르는 시간을 가지면 어떨까요. 마을 노래가 있다면 반주와 함께 부르면서 좋은 분위기를 만들 수 있을 것입니다. 마을에 문화예술 동아리 활동이 있다면 정기 공연을 겸하는 것도 좋겠습니다. 몸풀기 프로그램으로 간단한 요가를 해보거나 짧은 동영상을 준비해 함께 보는 것도 즐겁지 않을까요.

회의 장소 배치는 얼굴을 마주볼 수 있도록 '둘러앉기'를 원칙으로 해야 합니다. 공간이 좁아 충분하지 않겠지만, 서로 얼굴을 마주봐야 회의도 원만하게 진행할 수 있습니다. 원탁회의란 말이 있듯이, 서로 마주볼 수 있어야 상대방의 표정을 보면서 전달하는 내용도 정확하게 이해할 수 있습니다. 마을회관을 리모델링할 기회가 있다면 이 점을 충분히 고려해야 합니다.

마을회의를 잘 진행할 수 있는 소품도 준비하면 좋습니다. 칠판이나 보드처럼 사회자가 기록하며 진행할 수 있다면 합의도 빠를 수 있습니다. 대형 스크린과 빔 프로젝터를 잘 활용하면 회의 자체가 즐거울 수도 있구요. 또 좌식에 탁자가 아니라, 의자와 테이블을 배치하고 입식으로 진행한다면 더 편리합니다. 행정사업비가 있을 때 적극 고려해 '초고령화 시대의 마을회관'을 준비하면 좋겠습니다.

위와 같은 내용을 평소에 고민하고 미리 준비할 수 있도록 회의 진행자를 정해 두는 것도 방법입니다. 평소에 이런 내용을 늘 생각하고 마을회의가 즐거울 수 있도록 '분위기 메이커' 역할을 전담하도록 지정하는 것입니다. 이장이 이런 역할까지 하기는 어렵기에, 가능하면 젊고 활력 있는 사람 가운데 정해 두고 조금씩 시도해 보면 어떨까요.

마을회의 진행의 기본 절차

마을회의는 관례에 따라 그냥 진행하는 것이 아니라, 다분히 '기획된 의도'를 가지고 시나리오를 구성해 체계적으로 진행해야 합니다. 무엇보다 현재의 마을회의 방식을 개선하고자 한다면 이런 기획된 노력이 필요합니다.

첫째, 마을회의는 사전에 잘 공지돼야 합니다. 언제, 어디서, 무슨 목적으로 마을회의를 여는지 충분히 전달해야 합니다. 문서로 알릴 수 있다면 가장 좋습니다. 이장이 마을 방송으로 알리기만 하는 것은 상명하달에 불과합니다. 마을회관 게시판에도 알리고, 밴드나 단체 카톡방을 만들어 전달하는 것도 시도해볼만 합니다. 물론 문자를 모르거나 마을 방송이 들리지 않는 분도 계시기에 일일이 전화를 드리는 수고가 필요할 수 있습니다. 중요한 것은, 몰라서 또는 연락을 못 받아서 참석하지 못하는 경우는 없어야 한다는 점, 또 안건을 미리 알고 참석하도록 요청해야 효과적이라는 점입니다.

둘째, 마을회의 진행은 표준적인 방법을 농촌 방식에 맞춰 개선해 진행하면 됩니다. 회의 진행자는 개회를 선언하고 서기를 지명해 회의의 중요 사항을 기록하도록 합니다. 기록은 마을 총무가 할 수도 있고, 기록 전담자를 정할 수도 있습니다. 지난 회의의 회의록(전차 회의록)에서 중요 결정 사항을 보고하고 승인한 다음, 오늘 회의의 안건을 상정하고 정해진 시간에 마칠 수 있도록 안건을 적절하게 배분합니다. 그리고 안건에 대해 토론하고 의결하는 형식을 갖춰 진행합니다. 폐회를 선언하기 전에 오늘의 중요 결정 사항과 역할 분담을 다시 한 번 확인하는 것이 효과적입니다.

셋째, 회의 결과는 잘 정리해 운영위원회에서 회람해 수정 사항을 확인받고 회의록으로 남겨야 합니다. 다음 회의에서 주민들에게 공지하고 재확인하는 절차도 밟아야 합니다. 마을회관에도 일정 기간(약 1개월) 비치해 모두가 볼 수 있도록 해야 합니다. 게시판에는 핵심적인 결정 사항을 공지해야 합니다. 회의록은 매년 기록물 철로 묶어 잘 관리하고, 이장 인수인계 때에는 반드시 전달해야 합니다.

민주적인 의사 결정 방식은?

마을회의에서는 중요한 의사 결정을 위해 의결 과정을 거칩니다. '재적 회원 과반수의 출석과 출석 회원 과반수의 찬성으로 의결'하는 것이 일반적입니다. 중요 사항은 '출석 회원 3분의 2 이상의 찬성으로 의결'합니다. 투표를 통해 다수결로 결정하는 것이 민주주의라고 하기에 이렇게 마을 규약에 정하고 따릅니다.

하지만 마을에서는 다수결 방식이 항상 좋지만은 않습니다. 고집스럽게 다수결을 주장하는 사람도 있지만, 농촌 마을에서는 가능하면 '만장일치'가 가장 좋습니다. 투표까지 가지 않고 모두 공감하는 '차선의 합의'가 마을 갈등을 예방할 수 있습니다.

이를 위해서는 운영위원회 회의를 거쳐 사전에 충분히 협의하는 과정이 필요합니다. 이해 당사자가 있다면 사전에 미리 묻고 의견을 수렴하는 절차도 거쳐야 합니다. 이런 사전 절차를 거쳐 마을회의에 안건을 상정하면 불필요한 오해나 갈등은 거의 생기지 않습니다. 대부분의 문제는 이런 과정을 거치지 않아 생깁니다.

물론 만장일치라는 형식을 거쳐도 '말 못하는 소수'가 있을 수 있습니다. 글을 모르는 분이나 사회적 약자를 배제하지 않기 위해서라도 여기에 대한 대책을 마련해야 합니다. 주민들은 오랫동안 서로 알고 지낸 사이이기에 '말 못한 사람'을 표정만으로도 알 수 있습니다. 회의를 마친 후에는 서로 다독이며 취지를 다시 설명하고 오해를 풀어야 합니다. 마을 주민들 사이에 이 정도의 정서는 공유하고 있기 때문입니다.

의사 결정 방식도 중요하지만 사전에 정보를 공유하고 조정하는 절차를 거치는 것이 중요합니다. 그리고 결정 사항을 재확인하고, 참석하지 못한 사람도 이해할 수 있도록 충분히 공개해야 합니다. 마을회의가 주민들의 뜻을 모으고 합의를 이끌어내면서 마을 발전에 기여하는 제도적 장치로 작동하려면 이러한 전후 과정이 중요합니다. 대개는 이런 과정이 없기에 마을회의 자체가 갈등을 촉발하게 됩니다. 회의 진행자(이장, 위원장 등)의 역할은 그래서 힘들고 어려운 것입니다.

마을회의와 회계 보고

마을 갈등의 가장 큰 이유로 회계가 투명하지 않다는 점도 많이 작용합니다. 오해가 오해를 낳아 부풀려지기 일쑤죠. 특히 행정사업비를 관리하면서 회계 보고를 수시로 하지 않으면 이런 문제는 '쌓였다가 폭발'합니다. 한번 생긴 갈등은 잘 봉합되지 않습니다. 평소의 불신 때문에 각자의 주장을 합리화하는 근거들만 모아서 제시하고, 그것을 주변에 전파해 '세'를 과시하며 마을을 두 쪽으로 쪼개기까지 합니다.

마을회의는 회계 보고를 공식적으로 하는 장이기도 합니다. 예산 집행 상황을 체계적으로 보고하고 회계가 투명하게 이뤄짐을 반복적으로 확인해야 주민 사이의 신뢰가 높아집니다. 따라서 총무는 회계를 수시로 정리하고 마을회의에서 통장 복사본과 함께 정기적으로 보고해야 합니다. 특히 행정사업비의 집행 상황은 자주 보고할수록 좋습니다.

연말연시의 정기총회에서는 종합적인 회계 보고가 이뤄집니다. 총회 전에 감사가 확인을 해야 하고, 운영위원회에서 미리 검토하면 신뢰가 높아집니다. 짧은 회의 시간에 내용까지 세세하게 확인하자면 분란이 생길 여지가 커지기 때문입니다. 굳이 복식부기까지 할 필요는 없겠지만 입금과 지출 현황은 명확하게 보고해야 합니다. 이런 절차를 생략하거나 애매모호하게 보고하면 마을의 분란은 '불 보듯 뻔'해집니다.

그리고 정기총회에서는 마을회 외에도 노인회, 부녀회, 추진위원회 등 모든 조직의 회계를 보고하는 것이 바람직합니다. 이렇게까지 할 필요가 있느냐는 반론도 있을 것입니다. 또 그렇게 할 역량이 되지 않는다고 호소할 수 있습니다. 하지만 가능하다면 이렇게 하는 것이 마을 전체의 회계 흐름을 주민 모두가 공유하고, 마을재산이 어느 정도인지도 알 수 있어 마을의 미래 설계에 도움이 되는 것이 분명합니다. 단계적으로라도 시도해 보면 좋겠습니다.

문서로 기록을 남기고 체계적으로 관리

모든 공식적인 마을회의는 문서로 기록을 남기는 훈련을 해야 합니다. 특히 행정 예산이 투입되는 조직은 당연히 근거 기록을 남기고 공유해야 합니다. 이런 기록 관리를 제대로 하지 않으면 마을에 분란이 뒤따르기 마련입니다. 심하게 말하면, 이런 훈련이 돼 있지 않은 마을에는 행정사업을 지원하면 안 된다고 할 수도 있습니다. 그만큼 마을회의의 기록 관리가 중요합니다.

회의 기록 방법

회의록은 전통적으로 총무가 손 글씨로 남기는 것이 일반적입니다. 회의에서 메모한 것을 이후에 깨끗하게 정리해서 공유하고, 다음 회의에서 서명을 받는 식입니다. 이런 방식도 여전히 유효하지만, 서기를 별도로 둔다면 컴퓨터를 다룰 줄 아는 사람이 좋습니다. 그래야 원본을 분실하는 일이 생겨도 컴퓨터에 기록이 남아 있어 복원이 가능하기 때문입니다.

주민 모두 동의한다면 마을회의를 녹음하거나 비디오 녹화도 생각해볼 수 있습니다. 물론 사진을 많이 남기면 좋습니다. 회의 기록을 제대로 남기고, 마을 활동의 역사를 기록한다는 취지에서 고려해볼 수 있습니다. 컴퓨터와 외장 하드에

저장해 두면 이후에 활용할 수 있는 기회가 많습니다. 특히 정기총회에서 1년 결산을 할 때 활동 보고의 일환으로 기억을 공유하는 '슬라이드 쇼'라도 하려면 매우 유용하게 활용될 수 있습니다.

회의 기록의 공유 방법

마을회의 기록은 모든 주민이 내용을 공유하자는 취지에서 비롯합니다. 그래서 회의 기록은 원하는 주민이 언제든 볼 수 있도록 해야 합니다. 일상적인 열람을 위해 주민들이 쉽게 접근할 수 있는 마을회관에 기록철을 두는 것이 바람직합니다. 분실의 우려가 있다는 점도 고려해야 하겠지만, 공식적인 회의 기록을 어느 개인 집에 보관할 일은 아닙니다.

또 주민들도 마을회의에서 나눠 준 자료는 버리지 말고 잘 보관하도록 해야 합니다. 마을회의가 열릴 때는 항상 서류철을 가지고 오도록 훈련해야 합니다. 그래야 직전 회의 기록도 보고, 자신이 메모한 내용도 확인하며 이번 회의를 더욱 활발하게 진행할 수 있습니다. 물론 이렇게까지 훈련된 마을은 정말 드물지요.

필자는 추진위원장들이 모이는 협의회 회의에서 이러한 시도를 해보았지만 정말 어려운 것 같습니다. 그럼에도 회의 때마다 서류철을 가지고 오는 훈련은 연말 시상을 해서라도 반복해야 할 것입니다. 훌륭한 마을 리더의 책상에는 항상 이런 서류철이 연도별로, 조직별로, 활동별로 잘 비치돼 있더군요. 마을 주민 집집마다 이런 자료를 정리하고 있다면 그만큼 정보를 잘 공유하고 회의도 체계적으로 이뤄진다는 증거입니다. 이런 마을이야말로 충분히 상 받을 가치가 있고 미래가 밝습니다.

회의 기록의 인수인계와 보관

마을회의 기록을 포함해 공식적인 문서는 다음 임원들에게 체계적으로 인수인계되어야 합니다. 인수인계 과정에서 많은 정보가 분실되고, 책임 소재가 불분명해집니다. 그래서 인수인계 과정은 목록을 만들어 공식적인 절차로 정착돼야 합니다. 이장이 바뀌고, 추진위원장이 바뀌는 과정에서 갈등이 있었다면 인수인계는 더욱 신중해야 합니다. 책임 소재가 따르기 때문입니다.

이런 이유 때문에라도 평소 인수인계 목록을 잘 정리하고 감사가 있는 자리에서 기록이 전달돼야 합니다. 꼭 필요하다면 공증이나 확정 일자를 받는 절차를 밟는 것도 좋습니다. 특히 행정사업으로 지은 건물이나 구입한 시설, 토지 등의 마을재산 관련 기록은 더욱 명확하게 정리해 두어야 합니다. 마을에서 재산이나 책임 때문에 생긴 갈등은 정말 풀기 어렵기 때문입니다. 이렇게 기록이라도 있으면 좋겠지만, 기록조차 남아 있지 않은 상태에서 소송까지 가면 마을은 당분간 '재기 불능' 상태가 되고 맙니다.

장기적으로는 마을마다 박물관을 만들고 여기에 마을기록을 잘 보전해 관리해야 합니다. 앞에서 소개한 예산군 삽교읍 상하1리 사례는 매우 모범적이라 할 수 있습니다. 마을에서 기록 관리를 잘 해왔기에 마을 역사를 복원할 수 있었고, 풍부한 사진 자료로 박물관을 채울 수 있었습니다. 주민 모두가 장롱 속에 보관하고 있는 옛날 기록과 사진을 모으고 정리하는 작업은 언젠가는 반드시 해야 할 일입니다. 행정사업비가 있을 때 하면 훨씬 유용할 것입니다.

마을규약과 기록 관리

이제까지 다룬 내용들은 모두 마을규약에 들어가야 합니다. 마을규약은 주민들 사이에 지켜야 할 약속이고, 마을의 헌법과 같은 역할을 합니다. 마을회의와 기록 관리의 경험을 계속 쌓아가면서 충분히 합의한 내용이라면, 마을규약에 정리해 넣는 것이 당연합니다.

예를 들어, 마을회의의 절차, 역할 분담, 의사 결정 방법, 회의 결과 기록과 관리 방법, 인수인계의 절차와 내용 등입니다. 이런 내용들을 마을규약에 담아 총회 때마다 낭독하며 재확인하고, 필요하면 개정해야 합니다. 또 어린이나 귀농귀촌인들에게 학습 교재로 제공해야 합니다. 이런 것이 마을의 질서이고, 마을이 마을답게 작동할 수 있는 원리입니다.

이상으로 마을회의와 기록 관리에 대해 농촌 실정을 인정하면서도 중요하게 생각해 보아야 할 지점들을 살폈습니다. 앞으로 나아가야 할 방향에 대해서도 여러 제안을 했습니다. 어떤 부분은 우리 마을에 맞지 않고, 또 어떤 부분은 지나치게 이상적일 수 있습니다. 그럼에도 거듭 읽으면서 우리 마을의 회의를 어떻게 민주적으로 발전시킬 것인지, 마을기록을 어떻게 체계적으로 관리할 것인지 곰곰이 생각해 보는 계기가 되길 기대합니다.

전 세계가 서로 연결돼 요동치는 시대 속에서도 농촌 마을에 주목하고 공동체 활동을 지속하는 이유는 세상의 변화를 이끄는 힘이 마을에 있다고 믿기 때문입니다. '전 지구적으로 생각하며 마을에서 실천'하는 풀뿌리 주민자치 활동을 통해 한국 농촌의 새로운 희망을 보게 되리라 굳게 믿습니다. 민주적인 마을회의를 몸에 익히고 마을자치의 힘을 키우며 조금씩 전진해 나가자고 제안해 봅니다.

주민 참여를 촉진하는 마을회의의 다양한 기법

김진아 사회적협동조합 공동체세움 상임이사

우리가 경험한 마을회의는 어떤 모습인가?

마을회의에 참여하는 주민들 표정을 보면, 마을에서 이루어지는 의사 결정 방식을 짐작해 볼 수 있습니다. 마을의 대소사를 결정하고 실행할 때 마을 리더는 깊은 고민에 빠집니다. 주민을 무리하게 '동원'하지 않고 즐겁게 '참여'하도록 해야 한다는 의무와 현실 사이의 괴리 때문입니다. 이는 대체로 마을회의를 지금까지 어떻게 진행해왔느냐에 달려 있습니다.

회의에서 정보를 공유하고 의견이 자연스럽게 오가면서 결론을 이끌어 내는 과정을 경험한 주민들은 마을의 작은 일에도 관심을 갖고 즐겁게 참여합니다. 하지만 주도적인 몇 사람이 분위기를 장악하고 답이 정해져 있는 회의에 들러리를 서는 상황이 만들어지거나, 결론 없이 끝나는 회의가 반복되면 주민들은 점점 마을 일에서 멀어지게 됩니다.

마을은 '개인'의 사적 영역과 '우리'라는 공적 영역이 접목되어 주민 삶에 가장 직접적인 영향을 미치는 공간 단위입니다. 개인 삶의 터전이 모여 마을이라는 공적 영역을 이루는 것입니다. 따라서 마을에 살면서 벌어지는 일상의 다양한 문제를 주민들과 함께 고민하고 해결해 나가는 과정은 매우 중요합니다.

마을회의는 주민들 삶에 영향을 미치는 사안들을 논의하는 자리이기 때문에 '공공성'을 강조해야 합니다. 공공성의 사전적 의미는 "한 개인이나 단체가 아닌 일반 사회 구성원 전체에 두루 관련되는 성질"입니다. 즉 사생활이나 사적인 것과 구분되는 공동체 또는 공동의 것을 말하며, 널리 공개되어야 한다는 성질을 지닙니다. 이러한 관점에서 볼 때 마을회의는 "주민이라는 주체가 공개적인 의사소통 절차를 통해 공공 복리를 추구하는 과정"으로 이해할 수 있습니다.

따라서 마을 리더 몇 사람이 결정하는 것이 아닌, 마을 구성원 전체가 성별과 연령에 차별받지 않고 동등한 위치에서 참여하여 마을의 중대사를 함께 논의하고 결정할 수 있는 회의 분위기를 만들어야 합니다.

그런데 우리가 마을회의에서 자주 목격하는 장면은 "회의는 있지만 토론이 없는, 토론은 있지만 결정이 없는, 결정은 있지만 실행하지 않는" 모습의 반복입니다. 회의 진행자 입장에서는 "우리 마을 사람들은 의견을 내라고 해도 아무 말도 하지 않는다, 아이디어가 없다, 회의 시간에는 말하지 않고 뒷얘기가 많다, 마을 일에 적극적으로 참여하지 않는다"는 불만을 품습니다. 반면에 회의에 참석한 사람들은 "입김 센 사람 위주로 회의가 진행된다, 의견을 내도 반영되지 않고 반대 의견을 내면 비난받는다, 사전에 어떤 내용으로 회의를 하는지 알지 못한 채 참석해 의견을 내기 어렵다"고 말합니다.

이처럼 회의를 통해 모두가 만족하는 결과를 내거나 합의한 경험이 별로 없습니다. 이 때문에 마을회의가 왜 필요한지 인식하지 못하고, '참여'가 아닌 '참석'에 머무는 회의가 되풀이됩니다. 그렇다면 어떤 방법으로 주민들을 마을회의에 적극적으로 참여하도록 할 것이며, 토론과 결정과 실행이 있는 마을회의를 만들

수 있을까요? 이 글에서는 마을회의에 주민 참여를 촉진하는 다양한 기법을 소개하고자 합니다.

마을회의 준비 단계: 안건 사전 공지 및 회의 분위기 조성

주민들이 최대한 참여할 수 있도록 설계

마을회의에 배제되는 사람 없이 참여의 기회를 제공하는 것이 중요합니다. 회의 참여 기회가 제한되면 특정 주민들 입장만 대변하는 결과를 낳을 수 있습니다. 그래서 회의 안건과 관련하여 직간접적으로 영향을 받는 주민들이 최대한 참여하도록 설계해야 합니다. 직장에 근무하는 주민이 많다면 낮 시간대 보다는 퇴근 후나 주말에 회의를 열어야 참여 가능성이 높겠죠. 농사를 짓는 주민이 많다면 농번기를 고려하는 등의 시간 관리가 중요합니다. 이처럼 참여하는 구성원들의 상황을 고려하여 가장 많이 참석할 수 있는 시간대에 회의가 진행되도록 일정을 조율하거나, 중대한 사안일 경우 여러 차례 회의를 여는 방법도 생각해 볼 수 있습니다.

또한 사전에 회의 안건을 공유하여 준비된 자세로 회의에 참여할 수 있도록 해야 합니다. 회의 장소에 와서 안건을 전달받고 짧은 시간 안에 의견을 내어 결론까지 이르기는 매우 어렵습니다. 이 때문에 미리 마을 주민들에게 어떤 내용으로 회의가 진행될 것인지 정보를 충분히 공유해야 합니다. 주민들은 미리 생각을 정리하거나 준비하여 참석할 수 있어 더 다양한 의견이 오갈 수 있습니다.

대화하고 싶은 분위기와 자리 배치

마을회의에 참석한 사람들 사이의 대화가

이루어질 수 있는 분위기를 만드는 것도 필요합니다. 예를 들어, 회의에 참석한 구성원들을 반갑게 맞이하거나 대화가 이뤄질 수 있도록 자리를 배치하는 일입니다. 회의는 참여한 사람들 사이의 대화로 이뤄지는데, 직접적인 대화가 어려운 자리 배치일 경우 참여자들은 말을 줄이게 되고 회의는 효과적으로 진행되지 못합니다.

좌식으로 되어 있는 일반적인 마을회관에서는 회의 탁자 없이 벽에 등을 기대어 둘러앉는 경우가 많습니다. 이런 자리 배치는 회의에 집중하기 어렵게 만듭니다. 회의를 진행하는 사람도 큰 소리로 의견을 전달해야 하거나 참여자들의 표정을 살필 수 없어 어려움을 겪을 수 있습니다. 회의 탁자가 없다면 밥상이라도 펴 놓고 둘러앉아 서로 마주 보고 대화할 수 있도록 해봅시다.

마을회의 진행 단계: 아이디어 발산과 수렴을 통한 결론 도출

참여자 마음 열기

마음 열기 과정은 참여자들의 긴장을 풀고 회의에 몰입할 수 있는 분위기를 만드는 데 유용합니다. 마음 열기 방법 가운데 아래에 소개하는 '얼굴 그리기'는 스토리텔링을 통해 주민들 사이의 화합을 설명할 수 있고, 글을 적기가 어려운 사람도 쉽게 참여할 수 있다는 장점이 있습니다.

'얼굴 그리기'를 하면 그림을 못 그린다거나 몇 십 년 동안 그림을 그리지 않았다며 자신 없어 하는 분들이 많습니다. 하지만 진행자의 설명에 따라 이웃의 얼굴을 자세히 보며 그리다 보면 웃음꽃이 피고 어느새 그림이 완성됩니다. 상대방의 얼굴을 혼자서 처음부터 끝까지 그리는 일은 어렵고 부담스럽지만, 함께 조금씩 힘을 보태면 멋진 초상화가 탄생하는 경험을 할 수 있습니다.

'얼굴 그리기' 진행 방법

① 진행자는 참여자들에게 A4 용지 1장과 색상 펜 1개를 나누어 줍니다.
② 참여자는 A4 용지 오른쪽 위에 자신의 이름을 적고, 오른쪽 사람에게 A4 용지를 넘깁니다.
③ 진행자는 얼굴 부위 중 하나를 선택하여 그리게 하고, 참여자는 A4 용지에 이름이 적힌
   주인공의 얼굴을 자세히 보며 해당 부위를 그립니다.
④ 그림이 완성되면 A4 용지를 오른쪽 사람에게 넘깁니다.
⑤ 얼굴이 완성될 때까지(얼굴형, 눈썹, 눈, 코, 입, 귀, 머리카락 등) 진행자가 제시하는 얼굴
   부위를 그리고, 종이를 오른쪽으로 넘기기를 반복합니다.

마을회의 규칙 정하기

마을회의 규칙을 주민들과 함께 정하고 모두 볼 수 있는 곳에 게시해 놓으면 회의 진행에 도움이 됩니다. 그동안 마을에서 했던 회의를 평가하면서 마을회의를 원활히 진행하기 위해 어떤 규칙들이 필요한지 이야기 나누는 과정을 통해 규칙을 정하면 됩니다. 예를 들면 아래와 같습니다.

· 상대방이 말할 때 중간에 끼어들지 않는다.
· 비난이나 인신공격은 하지 않는다.
· 회의 참여자는 빠짐없이 의견을 말한다.
· 정해진 회의 시간을 지킨다.
· 회의 결과는 기록하여 공유한다.

또한 아래와 같이 마을회의 역할에 따라 어떤 마음가짐으로 회의에 참여해야

하는지 상기시키는 문구들도 포함시킬 수 있습니다.

- 참여자는 회의 안건과 목적을 알고 의견을 가지고 참석한다.
- 진행자는 중립적인 자세로 회의를 원활하게 진행한다.
- 기록자는 회의 내용을 기록하고 마치기 전에 공유한다.

이처럼 마을회의에서 지켜야 할 규칙들을 사전에 합의를 통해 도출한다면 구성원들이 정한 규칙에 따라 원활하게 회의를 진행할 수 있습니다.

아이디어 발산하기

아이디어 발산 단계에서는 참여자 모두 주제에 대한 아이디어를 꺼내 놓을 수 있도록 글로 쓰거나, 반대로 생각해 보는 '역발상 토론' 등의 기법을 활용할 수 있습니다. 여기서 중요한 것은, 참여자의 지위나 발표 능력과 관계없이 의견을 제시할 수 있는 기회가 모든 사람에게 동등하게 주어져야 한다는 점입니다. 또한 다른 사람들의 생각을 통해 자신의 아이디어를 확장시킬 수 있어야 한다는 점도 중요합니다.

'아이디어 적기'는 참여자들의 생각을 자유롭게 드러내고, 짧은 시간에 많은 아이디어를 모을 수 있다는 장점이 있습니다. 참여자들이 함께할 주제 또는 질문에 대해 접착식 메모지(포스트잇)를 활용하여 답변을 여러 장 쓰도록 하고, 그에 대한 생각을 공유합니다. 이 방법을 활용하면 새로운 아이디어를 발굴하고, 전체 참여자의 다양한 견해를 확인할 수 있으며, 발표력이 부족한 참여자도 자신의 의견을 적극적으로 낼 수 있습니다. 아이디어를 적을 때에는 굵은 펜으로 메모지 한 장에 한 가지 의견을 적어야 여러 의견을 공유하고 유사한 의견을 정렬할 때 수월

합니다.

'역발상 토론'은 주제에 대한 아이디어가 잘 떠오르지 않을 때 상황을 뒤집어 생각해 봄으로써 원래 목표했던 아이디어를 얻을 수 있는 방법입니다. 참여자들이 공유하는 문제의식이 무엇인지 확인하고, 해결이 필요한 목표나 과제를 설정한 다음, 그 반대 상황을 목표로 만들어 토의합니다. 예를 들어 '이웃과 친하게 지내는 방법'을 주제로 회의를 하는데 뻔한 답변만 나온다면, '이웃과 원수가 되는 방법'으로 질문을 바꾸어 아이디어를 모아 보는 것입니다. 이웃과 원수가 되는 다양한 방법을 하지 않는다면 원래 목표했던 이웃과 사이좋게 지낼 수 있는 방법을 찾게 될 것입니다. 역발상 토론은 기존의 접근 방식에서 벗어나 문제에 새롭게 접근할 수 있다는 장점이 있습니다.

아이디어 수렴하기

아이디어 수렴 단계에서는 발산된 아이디어를 일정 기준에 따라 분류, 평가, 분석하는 작업이 이루어집니다. 아이디어를 분류할 때에는 참여자들이 내용을 서로 공유하면서 비슷한 종류끼리 묶고, 하나의 단어나 문장으로 표현합니다. 진행자는 아이디어를 분류하는 동안 아이디어를 제안한 사람의 입장을 존중하고 서로의 생각이 자연스럽게 교환되도록 격려합니다.

아이디어 분류를 마치면 실현가능성, 시급성, 효과성, 공공성 등을 고려하여 전원 합의나 다수결 방식으로 결론을 끌어냅니다. 원칙적으로는 합의를 통해 결론에 이르는 것이 가장 바람직하지만, 그렇지 못할 경우 다수결 방식으로 우선순위를 결정합니다. 투표할 아이디어 전반에 대해 참여자들이 검토한 후, 개인별로 다중 투표할 수 있는 원형 스티커를 나눠 주어 투표를 진행하고, 스티커 개수를 합산해 우선순위를 정합니다. 이렇게 결정한 사항은 '누가, 언제까지, 어떻게' 실행할 것인지에 대한 계획까지 논의한 다음 회의를 마무리합니다.

마을회의 정리하기

회의를 마친 뒤에는 논의하고 결정된 사안들을 회의록으로 작성해 구성원들에게 공개하고, 다음 회의 때 전차 회의록 보고를 통해 이행 여부를 점검해야 합니다. 회의록은 마을회의를 공식적이고 민주적으로 운영하고 있다는 증거이며, 구성원 사이에 갈등이 생겼을 때 중요한 판단의 근거가 되기 때문에 반드시 작성하고 보관해야 합니다.

앞서 말했듯이, 마을회의는 함께 사는 마을의 문제를 주민들이 함께 고민하고 해결 방안을 함께 결정하는 과정입니다. 마을이라는 공간에 주소지를 두고 함께 살아가는 개개인들이 마을회의를 통해 보다 책임감 있고 자격 있는 주민으로 거듭날 수 있습니다. 여기에 다양한 기법을 배우고 익혀 마을회의에 주민 참여를 촉진해야 합니다.

마을기록을 복원해 '공동산'을 되찾은 마을

장윤수 충남마을만들기지원센터 연구원 / **구자인** 충남마을만들기지원센터장

충남 예산군 광시면 시목2리는 마을의 공동산이 큰 산불로 소실되는 아픔을 겪었습니다. 이후 공동산을 골프장으로 개발하려는 행정의 시도가 있었으나, 주민들의 적극적인 반대 운동과 기록 발굴 등을 통해 공동산을 지켜냈습니다. 이 과정에서 윤언식(당시 82세) 전 이장은 공동산에 대한 옛날 마을기록을 찾아내고 정리하며 주요한 역할을 했습니다. 다음은 윤 전 이장과의 인터뷰(2018년 6월 11일) 내용을 중심으로 인터넷 신문 기사를 참고하여 정리한 것입니다.

윤언식 전 이장의 헌신적 삶과 마을 이야기

윤언식 전 이장은 1977년에 시목2리 마을 이장을 맡았습니다. 무연탄 광산 일을 하던 윤언식 전 이장은 이장 직을 2년만 하고 내려놓으려 했지만, 주변의 만류로 새마을지도자를 맡는 조건으로 내려놓았고 약 8년간 새마을지도자를 맡았습니다. 시목2리 토박이인 윤 전 이장은 마을 일을 맡아 할 때 퇴비 증산 전국 최우수상을 수상해 상금 100만 원을 받는 등 마을 발전에도 크게 기여했습니다.

과거 시목리에는 예산군에서 유일한 석탄 광산이 있었습니다. 일제 강점기에 개발된 광산은 1952년부터 본격 시굴돼 1989년까지 운영됐습니다. 광산에는 150여 명이 근무했는데, 대부분 인근 주민들이었습니다. 윤 이장은 탄광에서 생산과장, 사무장을 역임했습니다. 탄광 노동자들은 배움이 부족하고 경제적으로도 어려운 사람이 많았기에, 윤 전 이장은 이들을 돕겠다는 의지로 19년째 전국진폐재해자협회 예산 지회장을 맡고 있기도 합니다. 그동안 윤 전 이장을 통해 100여 명이 진폐 재해자로 보상을 받았고, 연간 총 1억 원 정도의 연금을 나눠 받고 있습니다.

마을의 공동산은 시목1리, 시목2리, 대리, 3개 마을의 공동소유 형태입니다. 1970년대 초까지 시목리(1, 2리)는 200가구, 대리는 100가구가 사는 큰 마을이었습니다. 지금은 시목1리에 54가구, 시목2리에 56가구, 대리에 56가구가 살고 있습니다. 3개 마을은 파평 윤씨(태위공파) 집성촌이고, 황새마을로 유명한 대리가 중심 역할을 맡고 있습니다. 1985년경에 경지정리가 이루어졌고, 논농사가 중심입니다. 윤 전 이장을 중심으로 우렁이 농법을 통한 친환경 농업도 열심입니다.

마을 공동산과 산제, 그리고 골프장 건설 움직임

마을 공동산(광시면 대리 산 17-1)은 백월산(白月山, 해발 417.9미터)의 광시면 자락에 있고, 면적은 약 50만 7천 평(168정 7단 2무, 여의도 면적 절반) 규모입니다. 백월산은 예산군 광시면과 청양군 비봉면, 운곡면 등 3개 면에 걸쳐 있는데, 금북정맥의 남북 반환점에 해당하는 산입니다.

주민들은 최소 200년 이상 마을 공동산이 있는 백월산 국사봉에서 산제(山祭)를 지내 왔습니다. 산제는 매년 음력 정월 대보름 전날 저녁 7시경에 풍물로 시작해 새벽 4시까지 이어지는, 마을에서 제일 큰 행사였습니다. 제관은 일주일간 목욕재계하며 준비했고, 3개 마을 주민 대표 80여 명이 참가했습니다. 마을의 안녕을 축원하는 축문의 소제 명부에는 백월산 주변 36개 마을이 올랐습니다. 산제를 마친 후에는 대보름 행사로 장승제를 지내며 하루 종일 즐겼습니다.

산제는 1971년에 새마을운동 영향으로 강제 중단된 일이 있었으나, 마을에 불상사가 연이어 생기면서 1973년에 재개돼 1978년경까지 이어졌습니다. 현재는 산제를 지내고 있지 않지만, 산제를 지낼 당시의 비용 분담과 축관, 제관, 공양주 등의 이름 등을 담은 '산제좌목(山祭座目)'은 지금도 잘 보존돼 있습니다.

2002년 4월, 마을 공동산에 큰 산불이 나 총 93만 평(3,090헥타르)의 산림 피해를 입었습니다. 당시 전국 일간지에 보도될 만큼 산림 대부분이 소실됐는데, 더 큰 문제가 생겼습니다. 예산군에서 불이 난 산에 산림 복구를 하기보다 골프장을 만드는 것이 경제적이라며 총면적 5만 5천 평에 27홀 규모의 리조트 유치 계획을 그해 12월에 발표한 것입니다. 주민들은 마을의 공동재산이고 산제를 지내 온 산에 골프장을 짓는 일은 절대 허락할 수 없다며 반대 운동을 펼쳤습니다. 당시 마을 주민은 이렇게 심정을 토로했습니다. "마을 산이 잿더미로 변한 것도 참담했지만, 군유지라며 골프장 만든다고 하는 데는 억장이 무너지대유."(한겨레신문, 2005년 10월 6일)

대법원까지 올라가는 기나긴 소송 과정

예산군은 처음부터 이 땅이 '지방자치에 관한 임시조치법' 제8조에 따라 1974년에 군으로 귀속된 군유림이라 주장했습니다. 또 '점유로 인한 부동산 소유권의 취득 기간(20년) 조건'도 이미 채운 상태라 문제가 없다는 입장이었지요. 하지만 주민들은 소유권 귀속 자체가 행정의 착오였고, 해당 임야가 원래부터 면(面) 소유가 아닌 주민 공동소유임을 주장했습니다.

1949년 7월에 제정된 지방자치법은 읍면을 지방자치단체로서 법인격을 갖는다고 했지만, 1961년 9월에 제정된 '지방자치에 관한 임시조치법(이하 임시조치법)'은 읍면이 군에 편입돼 독립적인 법인격을 상실함과 아울러 일체의 재산이 소속 군에 귀속된다고 결정했습니다. "읍면은 지방자치단체의 하부 행정구역에 불과해 민사 소송에 있어 당사자 능력을 인정할 수 없다(대법원 2002년 3월 29일 선고 2001다83258 판결)"는 것이었습니다. 이후부터 읍면리 명의로 등록돼 있는 미등기 부동산은 '임시조치법' 제8조 규정에 의거해 군으로 귀속되는 절차를 밟았습니다. 이 '임시조치법'은 1988년에 폐지되었습니다. 하지만 폐지된 뒤에도 제때 귀속 절차를 이행하지 못한 부동산을 둘러싸고 아직도 행정 기관과 민간 사이에 소유권 분쟁이 이어지고 있습니다.

주민들은 부군수와 정무부지사 면담, 군청 앞 집회, 탄원서 제출, 1인 시위 등 다양한 방법으로 반대 운동을 펼쳤습니다. 하지만 결국 예산군을 상대로 '소유권등기 말소 청구 소송'을 제기하기에 이르렀습니다. 당시에는 전국적으로 골프장 반대 운동이 주민과 환경 단체가 연대해 광범위하게 일어나던 시기이기도 했기에 이 소송은 많은 주목을 받았습니다. 소송 과정에서 치열한 법리 다툼이 일어났습니다.

당시 골프장반대주민대책위원회(이하 위원회) 위원장을 맡았던 윤 전 이장은 이 산이 주민의 공동재산임을 입증하기 위해 옛날 기록을 뒤지기 시작했습니다. 이 과정에서 위원회 임원들은 공주법원에서 마을 공동산임을 판결한 1928년 문서가 있다는 이야기를 들었습니다. 윤 전 이장은 재판 번호를 확인하고 중앙 문서 보관소까지 뒤졌으나 찾지 못했던 문서를 대검찰청 문서 보관소에서 어렵사리 찾아냈습니다. 당시 판결문에는 "1908년(대한제국 융희 2년)에 마을 공동산이었고, 조선임야조사령(시행 1918년 5월 1일)에 따라 광시면 소유로 변경됐지만 주민들이 다시 소를 제기해 1928년에 대리, 시목리 소유로 재결(裁決)한다"고 적혀 있었습니다.

그러나 홍성법원에서 진행된 첫 재판에서 마을 주민들의 소송은 기각됐습니다. 기각 주문서에는 "마을 산이 총유(總有)라면 모르나, 공유(共有)로서는 기각한다"고 적혀 있었습니다.

이에 위원회 임원들은 총유의 뜻이 무엇인지 개념을 학습하면서 해당 공동산은 총유이지, 공유가 아니라며 고등법원에 항소를 제기했습니다. 주민들은 오래 전부터 애림계(愛林契)를 조직해 3개 리 동유림(洞有林)으로 공동관리해 왔고, 1974년 이후에도 산제를 계속 지내는 등 공동산을 관리해 온 활동의 증거도 제시했습니다.

결국 2005년 9월 고등법원은 "1928년 주민들의 소 제기로 광시면 소유에서 마을 소유로 재결됐던 점과 주민들이 산신제를 지내고 산림을 공동관리해 온 사실 등에 근거해 지역 주민들에게 공동소유권이 있다"고 판결했습니다. 예산군은 이에 불복해 대법원에 상고했습니다. 결과는 대법원도 2008년 1월 공동소유라고 주민들의 손을 들어주었습니다.

당시 대법원 재판부는 고등법원과 마찬가지로 해당 임야가 1) 1908년 판결과 조선임야조사령에 따라 광시면 소유로 변경됐다가 주민들의 소 제기 결과에 따라 1928년 대리, 시목리 소유로 재결됐던 점, 2) 주민들이 전통적으로 산신제를 지내고, 땔감 채취와 벌목 등 산림을 공동으로 이용하고, 산림 감시원을 두고 공동관리한 사실 등에 근거해 지역 주민들에게 공동소유권이 있다고 판결했습니다. 당시까지 총유라는 공동소유 형태에 관한 대법원 판례가 없었기에 전국 최초 사례를 만든 것입니다.

하지만 마을에서 또 다른 갈등이 생겼습니다. 시목리와 대리 사이에서 지분을 다르게 해석하는 다툼이 일어났던 것입니다. 대법원 판결문에서 "시목리와 대리의 공동소유임을 확인한다"고 명시했는데, 3개 마을이 각각 3분의 1씩 권리를 갖고 있다고는 명시하지 않았기에 대리 마을에서 지분의 절반을 주장한 것입니다. 결국 2010년에 또 한 차례 소송 절차를 거쳐 이 갈등을 종식시킬 수 있었습니다. 이 과정에서는 3개 마을이 2004년 9월에 합동총회를 열어 "3분의 1씩 균등하게 권리를 갖는다"고 결정했던 기억이 큰 도움이 됐습니다(하지만 총회 회의록이 남아 있지 않아 소송 과정에서 전체 주민들의 확인서를 첨부해야 했습니다).

뒤늦게 깨달은 기록 관리의 중요성

이후 윤 전 이장은 마을기록 관리의 중요성을 절감했습니다. 이에 그동안 모아온 모든 문서를 잘 정리해 큰 박스 하나 분량으로 대리 이장에게 넘겼습니다. 후손들에게 잘 전달되도록 하자는 취지였죠. 예로부터 대리 마을이 산제를 주관하는 등 '큰집' 역할을 해 왔기에 넘긴 것입니다.

하지만 안타깝게도 기록물은 이장이 바뀔 때마다 인수인계가 제대로 이뤄지지 못했습니다. 그동안 이장이 세 번 바뀌었는데, 도중에 인수를 받은 이장이 올해 봄 사망했고, 유족들이 그 기록의 중요성을 인지하지 못하고 모두 불태워 버린 것입니다. 윤 전 이장은 허탈함을 감추지 못했지만, 다시 찾을 수 없었습니다. 대신에 자신이 보관하고 있던 일부 문서들은 유언장에까지 남겨 후대에 물려줄 것이라 합니다.

이와 같이 마을 공동산을 둘러싼 소송 사례는 마을기록의 중요성을 여실히 보여 줍니다. 안타깝게도 여러 기록들이 소실됐지만, 그 중요성과 가치는 여전히 남아 있습니다. 만약 1928년에 있었던 판결문을 찾지 못했다면 마을 공동재산임을 증명하지 못했을 것이고, 또 산제좌목 등의 기록이 없었다면 총유 재산임을 입증하기 어려웠을 것입니다. 그리고 3개 마을 합동총회의 기억을 복원하지 못했다면 갈등도 매우 길어졌을 것입니다. 대개 행정과의 소송은 '계란으로 바위 치기'에 비유됩니다. 그럼에도 승소할 수 있었던 까닭은 마을기록을 복원한 주민들의 노력이 있었기 때문입니다.

충남도내 여러 마을에서도 공동재산을 제대로 관리하지 못하고 소유권이 얼기설기 얽이면서 문제가 생기는 사례가 종종 일어납니다. 이번 사례를 참고하면서 마을회의 기록을 명확히 남기고, 중요한 결정 사항은 주민들이 잘 공유하며, 또 후임자들에게 인수인계가 잘 되도록 체계를 잡아야 할 것입니다.

되찾은 마을 공동산의 활용 방안을 고민 중

시목리와 대리의 마을 주민들은 마을 공동산을 되찾으면서 일본의 산림을 본받아 편백나무를 심으려는 구상을 했습니다. 태양광 시설을 설치하자는 주장도 있습니다. 공동산의 활용 방안을 다각도로 검토하고 있지만, 아직은 결정된 것이 없는 상황입니다. 3개 마을 주민 모두 합의할 수 있는 명확한 방안이 없고, 무엇보다 고령화가 심각하고 열정적인 지도자가 없기 때문입니다. 산을 개간해 도라지나 약초를 심을 계획도 있었다지만, 윤 전 이장을 포함해 이를 주도할 여력이 없습니다. 현재로서는 공동산을 활용할 구상이 생기면 3개 마을 전체 총회를 열어 과반수 이상의 동의를 얻어 진행해야 한다는 공감대 정도가 있습니다.

또 한 가지 걱정이 있습니다. 대리마을이 황새마을로 조성되면서 마을이 점차 활성화되고 있는데, 외부인 유입이 급격히 늘어날 경우 재산권 분쟁이 일어날 우려가 있다는 점입니다. 이를 대비해 윤 전 이장은 시목2리의 정관을 정비해 "2005년 이전부터 거주한 사람들만 재산권을 주장할 수 있다"는 내용을 넣었습니다. 대리나 시목1리의 규약은 아직 확인되지 않았으나, 명확히 할 필요가 있다는 것이 윤 전 이장의 견해입니다.

　향후 마을 발전을 위해서는 새로운 사람(귀향귀농귀촌)이 들어와야 한다는 점과 반대로 새로운 사람이 들어오면 재산권 분쟁이 생길 수 있다는 걱정 사이에서 이 마을은 어떤 선택을 해야 할까요? 마을의 소중한 공동산이 50만 평이나 있음에도 미래를 불투명하게 생각하는 까닭은 무엇일까요? 행정 소송으로 남겨진 여러 갈등은 어떻게 극복할 수 있을까요? 해답을 찾기 위해 주민들이 공동으로 학습하고 토론하며 합의를 이끌어 내는 과정이 앞으로도 여전히 중요할 것입니다.

[산제 소송 관련 주요 일지]

1908년　　　　공주법원에서 백월산이 마을 공동산임을 판결

1918년 5월　조선임야조사령 시행으로 광시면 소유로 전환

1928년　　　　주민 소송 제기로 마을 공동산임을 재결(당시는 대동마을로 표기)

1971년　　　　200년 이상 이어진 산제 강제 중단(새마을운동 영향)

1973년　　　　산제 중단으로 여러 재해가 발생하자 산제 다시 시작

1974년　　　　예산군, 공동산을 군유림으로 귀속(지방자치임시조치법 8조 의거)

1975년　　　　시목리, 시목1리와 2리로 분구. 3개 마을 공동산임을 확인(문서 없음)

1978년경　　　산제가 완전 사라짐(윤언식 전 이장은 1973~1977년 기록 보관)

2002년 4월　백월산 일대 산불 발생

2002년 12월　예산군 골프 리조트(광시 리조트) 유치 계획 발표

2003년 7월　주민대책위 결성, 골프장 견학과 탄원서 발송 등 반대 운동 전개

2003년 12월　시목리와 대리 주민, '소유권 등기 말소 청구 소송' 제기

2004년 9월　3개 마을 합동총회 개최(149가구 전원 참석, 3개 마을 공유 재확인)

2004년 10월　홍성지법에서 1심 소송 기각

　　　　　　　　이후 주민들은 총유 개념을 학습하며 고등법원에 항고 신청

2005년 9월　대전고등법원에서 주민 승소. 예산군은 대법원 상고 신청

2008년 1월　대법원 확정 승소 판결, 3개 마을 공동소유로 등기부 등기

2010년　　　　소송을 통해 3개 마을의 지분이 각각 3분의 1씩임을 재확인

2018년 봄　전(前) 이장이 사망하면서 부주의로 산제 관련 기록 모두 소실

부록

마을재산관리대장 작성 양식(예시)

노정기 다기능농업 경영법률연구소 소장

마을재산관리대장의 작성 목적

마을재산은 토지(전, 답, 과수원, 임야 등), 건물(회관, 주택, 창고 등), 구축물(저수 탱크, 전망대 등), 농기계, 집기 비품 등 다양합니다. 각각에 대해 등기부등본, 토지 대장, 건축물관리대장 등이 있는지 확인하고, 마을재산으로 일치하는지 여부를 거듭 확인해야 합니다. 마을재산관리대장을 만들어 관리하는 목적은 실제로 마을 공동소유인 재산을 법률의 규정에 따라 마을 명의로 소유권 이전 등기를 명확하게 확정해 두는 데에 있습니다. 특히 등기해야 하는 재산의 등기정보필증(등기 권리증)을 안전하게 보관하는 데 목적이 있습니다.

마을재산관리대장의 분류와 필요 서류, 중점 관리 사항

마을재산은 유형별로 구분하여 필요한 서류를 취합하고 체계적으로 정리해두 는 것이 안전합니다. 아래 네 가지 유형 이외에도 마을재산임을 명확히 해두고 싶은 것이 있다면 추가할 수 있습니다. 첨부하는 양식(예시)은 유형별 분류의 표지에 해당하는 종합 목록표에 해당하고, 각 유형별로 색지를 넣어 구분하면 찾기 쉬울 것입니다.

1 토지

- 등기부등본: 마을 소유 여부(농지의 경우 타인 명의 등기), 권리 제한 여부 (저당권 설정, 가압류, 가등기 등), 토지대장과 면적, 지목, 소유자 표시
- 토지대장: 지번, 지목, 면적, 등기부등본과 소유자 일치 여부
- 지적도: 위치 파악
- 토지이용계획확인원: 지목과 면적이 등기부등본과 토지대장과 일치 여부
- 계약서: 취득 금액, 조건부 여부

2 건물

- 등기부등본: 마을 소유 여부, 권리 제한 여부(저당권 설정, 가압류, 가등기 등), 건축물관리대장과 용도, 면적, 소유자 표시 일치 여부
- 건축물관리대장: 등기부등본과 용도, 면적, 소유자의 일치 여부
- 계약서: 취득 금액, 조건부 여부

3 농기계

- 규격: 농기계별로 생산 업체, 모델, 생산 일자, 구입 금액 등
- 보관 장소: 농기계가 있는 위치 확인
- 관리자: 농기계의 관리 책임자를 지정하고 관리 실태를 정기적으로 확인

4 집기, 비품

· 목록 작성: 책상, 의자, 컴퓨터, TV, 냉장고, 에어컨, 소파 등으로 분류

· 취득 금액: 유상, 무상으로 구분하고 유상인 경우 취득 금액 명시

마을재산관리대장 작성을 통한 기대 효과

마을재산관리대장을 작성해 둠으로써 다음과 같은 효과를 기대할 수 있습니다. 핵심은 마을의 현재 상황을 진단하고 나아가야 할 미래를 설계할 때 크게 도움이 된다는 점입니다.

1 마을의 전체 재산 규모를 정확하게 파악하고 매년 변동 상황을 확인할 수 있습니다.

2 등기상의 소유권이 마을회 명의로 되어 있지 않을 경우에는 해결 방법을 지속적으로 모색할 수 있습니다.

3 농기계와 집기, 비품 등 동산 재산 실태를 파악하고 정기적으로 점검함으로써 효율적으로 관리할 수 있습니다.

4 매년 열리는 총회나 이장 인수인계 과정 등에서 지속적으로 체크함으로써 갈등 관계를 미연에 예방할 수 있습니다.

[예시] 1. 토지

(작성일: 2000.0.0 기준)

번호	지번	지목	면적 (㎡)	공시지가 (2018.1.1.기준)		취득 금액		취득 내역		등기상 소유자	용도 지역 지구		비고
				단가 (원/㎡)	금액 (천원)	단가 (원/㎡)	금액 (천원)	원인*	일자		지역	지구	
1	56	대	350	50,000	17,500	100,000	35,000	매매	2010.5.6	○○마을	생산 관리		
2	35	답	1,500	20,000	30,000	60,000	90,000	증여	2002.3.6	홍길동	보전 관리	농업진흥구역	타인 명의
3													
4													
소계													
누계													

1. * 취득 원인: 매매, 교환, 증여, 기타(소송 등)
2. 첨부 서류: 토지 등기부등본, 토지대장, 임야대장, 지적도, 임야도, 토지이용계획확인원, 공시지가확인원, 계약서, 현황 사진(평면, 드론 촬영) 등

[예시] 2. 건물

(작성일: 2000.0.0 기준)

번호	지번	지목	면적(m^2)				취득 금액		취득 내역		등기상 소유자	신축일	구조	용도	비고
			지층	1층	2층	3층	합계	단가 (원/m^2)	금액 (천원)	원인*	일자					
1	56	대	35	50	50	20	155	100,000	35,000	매매	2010.5.6	○○마을	2005.11.9	철근 콘크리트	체험관	
2																
3																
4																
소계																
누계																

1. * 취득 원인 : 매매, 교환, 증여, 기타(소송 등)
2. 첨부 서류 : 건물 등기부등본, 건축물관리대장, 계약서, 설계 도면, 사진(평면, 드론 촬영) 등

[예시] 3. 농기계

(작성일 : 2000.0.0 기준)

| 번호 | 재산 내역 | | | | 취득 금액 (부가가치세 포함) | | | | 취득 내역 | | | 비고 |
	품명	생산업체	모델명	판매가 (천원)	생산일	수량	단가 (천원)	금액 (천원)	취득일	구입처	원인*	
1	트랙터	동양농기계	HD-360	35,000	2014.8.25	2	35,000	70,000	2014.10.9	동양농기계 **대리점	매매	자부담 50%
2	분무기	제일공업사	BW-50	100	2010.2.1	5			2010.3.1		상품	군수 시상품
3												
4												
소계												
누계												

1. * 취득 원인 : 매매, 교환, 증여, 기타(소송, 시상품, 선물)

2. 첨부 서류 : 계약서, 팜플렛, 사진 등

[예시] 4. 집기 비품

(작성일: 2000.0.0 기준)

번호	재산내역					취득금액 (부가가치세 포함)			취득 내역			비고
	품명	생산업체	모델명	생산일	판매가 (천원)	수량	단가 (천원)	금액 (천원)	취득일	구입처	원인*	
1	노트북	삼성전자	SM480	2015.7.12	1,500	1	450	450	2017.3.23	홍길동	매매	중고품 구입
2	TV	LG전자	LC-210	2017.10.9	3,000	1	0	0	2017.11.5	○○시장	상품	농산물 경진대회
3												
4												
소계												
누계												

1. * 취득 원인 : 매매, 교환, 증여, 기타(시상품)
2. 첨부 서류 : 계약서, 팜플렛, 사진 등

○○마을회 마을규약 제정안

[일러두기]

– 본 규약 예시는 노정기 소장이 초안을 작성하고, 구자인 센터장과 협의를 거쳐 제안하는 것으로 본문에서 언급하는 〈별지〉 서식은 생략하였음을 밝혀둡니다.

– 무엇보다 본문의 조항을 그대로 모방하는 일 없이, 전체 구성이나 내용 등은 마을 현실에 맞추어 하나하나 토론을 통해 결정해야 마을규약 제정의 취지가 살아날 것임을 다시 한번 강조합니다. 특히 마을의 세대수 규모에 따라 많이 달라질 수 있으므로 본문 제3장 '마을규약' 부분을 충분히 읽고 각종 쟁점을 토론하여 결정해야 실효성이 있습니다.

– 독자 여러분이 계신 지방자치단체의 마을만들기 중간지원조직을 통해 마을 리더들이 공동학습 기회를 먼저 갖고, 마을규약 제정(혹은 개정)의 필요성을 충분히 공유한 상태에서, 마을 주민들이 모여 여러 번 토론할 수 있는 분위기를 만드는 것이 우선입니다.

– 전체 분량도 많으므로 학습 역량과 합의 수준이 높은 마을에서는 내용 전체를 살리는 방향으로 검토하되, 그렇지 않은 마을에서는 꼭 필요하고 쉽게 합의할 수 있는 내용 중심으로 정리하는 것이 바람직합니다.

전문

(마을의 역사적 의미, 자랑거리, 마을에서 추구하는 최고의 가치 등을 표현한다.)

우리 OO마을은 OO강을 끼고 기름진 땅에 자리잡아 대대로 풍요로운 삶을 누리면서 쾌적한 자연환경과 유구한 전통문화를 자랑하는 친환경 마을이다. 이에 자손 대대로 마을이 번성하고 인심이 살아 있는 마을이 될 수 있도록 주민들의 결의를 모아 이 규약을 제정한다.

제1장 총칙

제1조 [명칭] 본 규약은 OO마을회자치규약(이하 "규약"이라 한다)이라 한다.

제2조 [목적] 본 규약은 OO마을에 거주하는 주민이 풍요롭고 건강한 삶을 누리기 위해 함께 지켜야 할 사항을 규정하여 현재 거주하는 주민은 물론 후손도 지속가능한 발전을 이룰 수 있는 마을자치공동체를 실현하는 데 목적이 있다.

제3조 [적용 범위] 본 규약은 OOOO도 OO군 OO면 OO마을에 거주하는 주민이 안전하게 생활하고 마을의 지속가능한 발전을 도모하며 주민 간에 발생하는 이견을 합리적으로 조정하는 데 적용한다.

제4조 [용어의 정의] 본 규약에서 사용하는 용어의 뜻은 다음과 같다.

1. "마을"이란 행정구역으로 구분된 행정리를 말한다.
2. "주민"이란 마을에 주민등록상 주소지를 두고 있는 자를 말한다.
3. "마을회"란 마을과 주민을 대표하는 주민자치조직을 말한다.
4. "마을회원"이란 제2조의 주민 중 회원가입서를 제출한 자를 말한다.
5. "총회"란 마을회원 전체로 구성된 최고 의사 결정 기구를 말한다.

6. "운영위원회"란 마을회 임원으로 구성한 일상적인 논의 기구를 말한다.

제2장 마을회원

제5조 [회원의 가입] ① 주민등록상 주소지가 ○○마을로 되어 있는 주민이 본 규약의 취지와 규약에서 정한 의무를 이행할 것을 동의하여 마을회원 가입을 신청하면 마을회원(이하 "회원"이라 한다)이 될 수 있다.

② 제1항의 회원 가입 신청을 하려는 자는 〈별지 제1호 서식 '마을회원가입신청서'〉를 회장에게 제출하여야 한다. 회장은 제1항의 규정에 따른 회원의 자격이 있는지를 확인하기 위해 회원 가입 신청자의 주민등록증 또는 이를 증명할 수 있는 서류를 확인 후 '마을회원가입신청서'에 자필 서명 후 승인하여야 회원의 자격을 갖는다.

③ 회원은 마을회에서 회원의 자격 확인 요청이 있는 경우 거부할 수 없다. 만일 회원 자격 확인 요청에 불응할 경우 즉시 회원의 자격을 박탈하여도 이의를 제기할 수 없다.

④ 회원은 주민등록을 타 지역으로 이전할 경우 자동적으로 회원의 자격을 상실하며 다시 전입할 경우 만 6개월이 경과한 날부터 제1항의 절차에 따라 회원 가입 신청을 할 수 있다.

제6조 [회원의 권리] ① 회원은 다음 각 호의 권리를 갖는다.

1. 임원을 선출할 수 있는 선거권
2. 임원이 될 수 있는 피선거권
3. 총회와 회의 의결권

② 회원은 총유물(總有物)인 마을의 공동재산에 대하여 다음 각 호의 권리를 갖는다.

1. 건물과 시설 등의 사용 권리

2. 재산에서 발생하는 수익을 총회의 결의에 의해 분배 시 분배받을 권리

제7조 [회원의 의무] ① 회원은 다음 각 호의 의무를 갖는다.

1. 규약을 지킬 의무

2. 총회에서 결정한 사항 준수

3. 총회에서 결정한 회비 납부

4. 마을공동재산(시설)을 보호하고 훼손할 시의 원상 복구

② 신입 회원은 제1항의 의무 외에 입회비로 금 OOOO원을 납부한다. 입회비는 마을회 명의 예금통장으로 입금하고 영수증을 회장에게 제출한다.

③ 제1항 제3호의 회비와 제2항에 따라 납부한 입회비는 어떠한 경우에도 반납하지 않는다.

제8조 [회원의 해임] ① 제5조 제1항에 의해 회원의 자격을 취득한 자는 다음의 경우에 해임할 수 있다.

1. 제7조 제1항 각 호의 의무를 위반할 경우

2. OO마을에서 다른 지역으로 주민등록을 옮길 경우

3. 주민등록은 OO마을에 있으나, 1년 이상 거주하지 않거나 제7조 제1항 각 호의 의무를 지키지 않을 경우

4. 기타 OO마을에 손해를 끼치고 명예를 손상하는 등의 행위를 한 경우

② 제1항에 따른 회원의 해임은 회원 5인 이상이 연대 서명하여 〈별지 제2호 서식 '회원해임청원서'〉를 회장에게 제출하여 총회에서 회원 3분의 2 이상의 참석과 참석 회원 3분의 2 이상의 동의로 해임할 수 있다.

제9조 [명예회원] ① 마을 발전에 크게 기여한 자나 도움을 준 자는 회원의 추천으로 회원 2분의 1 이상의 참석과 참석 회원 2분의 1 이상의 찬성으로 총회의 의결을 거쳐 명예회원으로 추대할 수 있다.

② 제1항에 따라 명예회원에 추대한 자에게는 〈별지 제3호 서식 '명예회원증'〉을 교부한다.

제3장 임원

제10조 [임원의 선출] 마을회를 효율적으로 운영할 수 있도록 마을 하위 조직의 장(長)을 다음 각 호와 같이 임원으로 선출한다.

1. 회장은 1명으로 총회에서 선출하며 총회와 운영위원회의 의장이 된다. 회장 궐위 시에는 이장, 노인회장, 감사의 순으로 회장을 대리한다. 회장은 이장을 겸직할 수 있으나 분리하는 것을 원칙으로 한다.

2. 이장은 1명으로 총회에서 선출한다.

3. 마을회 총무는 1명으로 마을회장이 임명한다. 만일 회장의 사직 또는 궐위로 새로운 회장을 선임했을 때에는 신임 회장이 총무를 임명한다.

4. 감사는 2명으로 총회에서 선출하고 다른 임원의 직을 겸할 수 없다.

5. 개발위원장은 1명으로 총회에서 선출한다.

6. 마을위원장은 마을 공동사업을 추진하기 위해 1명을 총회에서 선출한다.

7. 반장은 O명으로 「OO군 통·반 설치 조례」에 따라 해당 반에서 선출한다.

8. 노인회장은 1명으로 노인회에서 선출한다.

9. 새마을부녀회장은 1명으로 부녀회에서 선출한다.

10. 새마을지도자는 1명으로 총회에서 선출한다.

11. 마을회를 원활하게 운영하기 위해 회장의 추천에 의해 총회의 의결로 O명 이내의 운영위원을 임원으로 추가 선임할 수 있다.

제11조 [임원의 직무] ① 회장은 마을의 대표자로 다음 각 호의 직무를 수행한다.

1. 마을총회 및 운영위원회의 소집과 회의 시 의장의 역할을 한다.

2. 마을총회 및 운영위원회의 회의 안건 표결 시 의결권이 없으며 찬성과 반대가 동수일 경우에만 의결권을 행사한다.

② 이장은 마을과 행정의 소통 창구 역할을 담당하고 「○○군 이·통장 임명에 관한 규칙」에 정한 직무를 수행한다.

③ 총무는 회장을 보좌하여 다음 각 호의 직무를 수행한다.

　　1. 회원 명부 관리 및 회원 가입 안내

　　2. 회계 장부 관리 및 현금 출납

　　3. 부동산 및 동산 관리

　　4. 회의록 작성 및 보관

　　5. 기타 마을 운영에 필요한 사무

④ 감사는 마을회 운영 전반에 관한 다음 각 호의 직무를 수행한다.

　　1. 현금 출납 및 장부 감사

　　2. 부동산 및 동산의 관리 현황 감독

　　3. 마을에서 추진하는 사업의 감사

　　4. 기타 업무 전반에 관한 감사

　　5. 회계연도 종료 후 30일 이내에 감사 보고서를 회장에게 제출하고 정기총회에서 감사 보고

⑤ 기타 임원은 소속된 각 단체의 규약에 의하여 직무를 수행한다.

제12조 [임원의 임기] ① 마을회에서 선출한 임원의 임기는 3년으로 한다.

② 제1항에서 정한 임원의 임기가 종료하는 해의 정기총회일이 임원 임기 개시일부터 3년을 경과하는 경우에는 임원의 임기 종료일을 정기총회일로 한다.

제13조 [임원의 사임·해임] ① 임원은 다음 각 호에 해당할 때에는 사임한다.

　　1. 본인이 사직원을 회장에게 제출할 경우

2. 다른 마을로 주민등록을 이전하고 이사한 경우

3. 사망한 경우

② 제10조에 의해 선임한 임원은 다음 각 호에 해당할 경우 운영위원회의 제청과 총회의 의결을 거쳐 해임할 수 있다.

1. 선출 과정에서 규약에 위배된 행위를 하였을 경우

2. 회비, 기금 등 공금을 목적 외 사용하거나 유용할 경우

3. 규약의 규정에 따르지 않고 불법적으로 마을재산을 매입하거나 매각 하였을 경우

4. 건강 등의 문제로 직무를 수행하기 어려울 경우

5. 회원의 의무를 이행하지 않을 경우

6. 이장이 「OO군 이·통장 임명에 관한 규칙」에 따라 해임될 경우

7. 총회에서 선출되지 아니한 임원이 소속된 조직이나 단체에서 그 직을 상실할 경우

③ 임원은 다음 각 호와 같은 경우에 총회에 해임을 청원할 수 있다.

1. 회장이 총회에 해임을 청원할 경우

2. 회장 이외의 임원 3인 이상이 청원할 경우

3. 회장에 대한 해임 청구는 감사와 임원 3명 이상이 청원할 경우

④ 임원의 해임 청원은 〈별지 제4호 서식 '임원해임청원서'〉로 한다.

제14조 [임원의 보궐선거] ① 회장이 사임 또는 해임으로 궐위될 경우에는 궐위된 날부터 30일 이내에 총회에서 선출한다.

② 회장이 아닌 임원이 사임이나 해임될 경우에는 운영위원회에서 선출한다.

③ 궐위로 선출된 임원의 임기는 전임자의 잔여 임기로 한다. 단, 회장이 아 닌 임원의 잔여 임기가 180일 미만일 경우 운영위원회의 결의에 의해 선출 하지 않을 수 있다.

제4장 회의

제1절 총회

제15조 [총회의 소집] ① 총회는 정기총회와 임시총회로 구분하며, 회장은 총회의 의장이 된다.

② 의장은 총회 개최 7일 전까지 〈별지 제5호 서식 '총회개최안내'〉에 따라 회의 일시와 장소, 안건 등을 명시하여 마을회관 게시판에 공고하고, 마을방송과 문자 메시지 등을 통해 알려야 한다.

③ 정기총회는 감사의 결산 감사 보고서를 의장이 접수 후 30일 내에 개최한다.

③ 임시총회는 다음 각 호의 경우에 의장이 소집한다.

　1. 임원 3분의 1 이상의 요청이 있는 경우

　2. 회원 10분의 1 이상의 요청이 있는 경우

　3. 제1호, 제2호의 임시총회 개최 요청은 〈별지 제6호 서식 '임시총회개최요청서'〉를 회장에게 제출하고 제2항의 절차에 따라 총회를 개최한다. 단, 회장이 판단하여 시급하게 처리할 안건이 있을 경우 운영위원회에 통보 후 즉시 총회를 개최할 수 있다.

④ 의장은 회의를 공정하고 원만하게 진행하기 위해 다음 각 호의 조치를 취하여야 한다.

　1. 회의 참석자가 서로 얼굴을 보면서 대화할 수 있는 회의장 구성

　2. 회의 개시 전에 종전의 회의 내용과 회의 안건을 참석자에게 잘 알릴 수 있는 방안

　3. 회의를 축제와 같이 즐거운 모임으로 만드는 방안 연구

　4. 기타 다양한 방법을 통해 회의 참석자의 관심과 참여를 이끌어 내는

방안

제16조 [총회의 개회 및 의결] ① 총회는 재적 회원 과반수의 출석으로 개회한다.

② 의결은 회의 참석자 전원의 찬성으로 결정하는 것을 원칙으로 한다. 단, 만장일치로 결의하지 못할 경우 출석 회원 과반수의 찬성으로 의결하고 가부 동수일 경우에는 회장이 의결권을 행사한다.

③ 규약의 각 조에서 의결 방법을 정할 경우 제1항, 제2항은 적용하지 아니한다.

④ 투표는 총회에 직접 참석한 자만 행사할 수 있다. 단, 회원이 회의에 참석하지 못하여 위임할 경우에는 위임자와 같은 세대에 주민등록이 되어 있는 자만 〈별지 제7호 서식 '총회참석위임장'〉을 회의 개시 전에 피위임자와 위임자의 신분증을 함께 회장에게 제시하고 의결권을 행사할 수 있다. 세대원 이외의 타인에게는 위임할 수 없다.

제17조 [정기총회의 안건] 정기총회의 안건은 다음 각 호와 같다.

1. 예산의 결산 및 감사 보고

2. 임원의 선출 및 해임

3. 규약의 제정 및 개정

4. 사업 계획 보고 및 승인

5. 마을재산의 취득, 관리, 처분

6. 운영위원회에 위임할 사항 결정

7. 회비 납부액 결정

8. 기타 마을의 중요한 현안 결정

제18조 [총회 회의록 작성] ① 회장은 회의 시작 전에 회의록 작성자와 회의록을 정확하게 기록하였는지 확인할 기명 날인자를 2명 지명한다.

② 회의록은 〈별지 제8호 서식 '총회회의록'〉을 사용한다.

제2절 운영위원회

제19조 [운영위원회 구성] 마을회의 중요 안건을 신속하고 효율적으로 처리하기 위해 제10조의 규정에 따라 선출한 회장 등의 임원으로 운영위원회를 구성한다.

제20조 [운영위원회의 안건] 운영위원회에서 처리할 안건은 다음 각 호와 같다.

    1. 제17조 각 호의 총회에 상정할 안건의 사전 검토 및 심의

    2. 총회로부터 위임받은 사항

    3. 임시총회의 개최와 상정 안건

    4. 마을 공동사업의 협의 및 토론

    5. 회장 이외 임원의 보궐 선출

    6. 명예회원의 위촉 및 해촉

    7. 기타 마을의 현안 사항

제21조 [운영위원회의 개최] ① 운영위원회는 매월 1회 개최를 원칙으로 한다.

    1. 개최일시는 매월 ○째 주 ○요일 저녁 ○시로 한다.

    2. 개최일시는 계절이나 농번기 등을 고려하여 의장이 운영위원 다수의 의견을 들어 변경할 수 있다.

② 다음 각 호의 요청이 있는 경우에 임시 운영위원회를 개최한다.

    1. 회장의 요청

    2. 임원 3분의 1 이상의 요청

    3. 감사의 요청

③ 임시 운영위원회 개최 요청은 의장에게 구두로 한다.

제22조 [운영위원회의 의결] ① 운영위원회는 재적 위원 과반수의 출석으로 개회한다.

② 의결은 회의 참석자 전원 찬성으로 결정하는 것을 원칙으로 한다. 단, 만

장일치로 의결하지 못할 경우 출석 위원 과반수의 찬성으로 의결한다.

제23조 [운영위원회 회의록 작성] ① 회장은 회의 시작 전에 회의록 작성자와 회의록을 정확하게 기록하였는지 확인할 기명 날인자를 2명 지명한다.

② 회의록 작성은 〈별지 제9호 서식 '운영위원회회의록'〉을 사용한다.

제5장 재정

제24조 [회계연도] 회계연도는 매년 1월 1일부터 12월 31일까지로 한다.

제25조 [수입] 마을회의 수입은 다음 각 호와 같다.

1. 회원의 회비

2. 정부와 지자체의 보조금

3. 마을 공동사업의 수익

4. 예금 이자

5. 기부금

6. 기타 수입

제26조 [지출] 마을회의 지출은 다음 각 호와 같다.

1. 마을공동체 활성화를 위한 사업비 또는 사업 계획 수립 비용

2. 마을 공동시설의 유지 관리비

3. 마을 공동재산의 매입비

4. 마을회 운영비

5. 회장의 업무 추진비

6. 기타 총회에서 의결한 사항

제27조 [마을회비 납부] ① 회원은 마을회의 운영에 소요되는 비용을 충당하기 위해 세대별로 마을회비(이하 "회비"라 한다)를 납부하여야 하고 금액은 총회

의 결의에 따른다. 단, 회비를 납부하기 어려운 사정이 있는 회원은 회장의 제안으로 총회의 결의에 따라 회비 납부를 경감 또는 면제할 수 있다.

② 회장은 회원의 요청이 있을 경우 지체없이 회비의 수입과 지출에 관한 사항을 알려주거나 열람하게 하여야 한다.

제28조 [마을기금 조성] 회장은 소득사업의 추진 또는 장학금 모금 등을 위해 총회의 의결을 통해 일정액을 회원에게 모금하거나 기관이나 단체의 지원을 받아 기금을 조성할 수 있다. 이 경우 별도로 개설한 예금통장을 통해 입출금하고 장부를 작성하여 비치해야 한다.

제29조 [예산 및 결산 보고] 회장은 매년 정기총회에서 사업 계획과 전년도 회계 결산 자료를 보고하고 승인을 받아야 한다.

제30조 [예금통장 개설] ① 마을회는 「국세기본법」 규정에 따라 "법인으로 보는 단체"로 인정받는 신청을 하여 「부가가치세법」에 따른 고유번호를 부여받는다.

② 마을회는 제1항의 고유번호로 「금융실명거래 및 비밀보장에 관한 법률」에 따른 실지 명의로 예금통장을 개설한다.

제6장 재산 관리

제1절 부동산의 관리

제31조 [부동산의 종류] 마을회가 소유 · 관리하는 부동산은 다음 각 호와 같다.

1. 토지
2. 건축물
3. 입목
4. 기타

제32조 [부동산의 취득 · 매각 등] ① 제31조에서 정한 부동산에 대한 다음 각 호의

행위를 할 경우에는 총회의 승인을 받아야 하며, 총회의 승인을 받지 않은 행위는 무효로서 행위자는 민·형사상의 모든 책임을 진다.

1. 부동산의 취득

2. 부동산의 매각

3. 부동산의 임대차

4. 부동산의 저당권 설정 등

5. 기타 부동산에 관한 모든 법률 행위

② 제31조에서 정한 부동산은 매각하지 아니하는 것을 원칙으로 한다. 만일 국가 나 지방자치단체 또는 이에 준하는 기관이 법률에 의해 수용하거나, 판결 에 의해 부득이 매각할 경우에는 즉시 다른 부동산을 매입하고, 잔액이 있 을 경우에는 예금을 하며, 회원은 부동산 매각 대금을 분배받지 못한다.

제33조 [농지 외 부동산의 등기·관리 등] ① 농지 외 부동산은 마을회 명의의 총유 (總有)로 등기한다.

② 마을회는 등기 권리자로서 「부동산등기법」에서 규정한 "법인 아닌 사 단"으로 등기 신청하기 위해 "부동산등기용등록번호"를 부여받아 등기한다.

제34조 [농지의 등기] ① 농지(전, 답, 과수원)를 매입하거나 실제로 마을 소유인 경 우 제33조 제1항, 제2항의 규정에 따라 마을회 명의의 총유 등기를 할 수 없 으므로 다음 각 호 중에 총회의 결의에 따라 실제 소유권을 명확하게 한다.

1. 마을 대표자 및 총회에서 정한 여러 사람의 명의로 공유 등기

2. 마을 회원 중 총회에서 정한 여러 사람의 명의로 합유 등기

3. 마을 대표자 또는 총회에서 정한 회원 개인 명의의 총유 등기

4. 기타 마을회의 소유임을 증명하는 방법으로 등기

② 제1항에 따라 등기할 경우 등기 명의인을 상대로 마을회 총유라는 취지 의 문서를 작성하여 공증, 확정일자 등을 받아 놓는다. 이후 마을회 명의로

등기할 수 있는 여건이 조성되면 즉시 마을회 명의로 총유 등기한다.

제35조 [총유 재산의 사용] ① 회원은 총유 재산을 규약 또는 총회와 운영위원회의 결의를 통해 사용할 수 있다.

② 총유 재산의 관리 및 처분은 마을총회의 결의에 의한다.

③ 회원은 회원의 지위를 상실한 경우에는 총유 재산에 대한 권리를 상실한다.

제36조 [부동산 현황 보고] ① 회장은 제32조 각 호의 행위를 할 경우 1개월 이내에 운영위원회를 개최하여 문서로 현황을 보고한다.

② 회장은 정기총회에 부동산의 현황을 보고한다.

③ 부동산의 현황 보고는 〈별지 제10호 서식 '부동산현황보고'〉에 의한다.

제2절 동산의 관리

제37조 [동산의 종류] 마을회 소유의 동산은 다음 각 호와 같다.

1. 「자동차관리법」의 규정에 따라 '자동차등록원부'에 등록한 자동차

2. 농기계

3. 집기 비품

4. 기타 동산

제38조 [동산의 취득 · 처분] ① 제37조 제1호, 제2호의 동산을 취득 · 처분 등을 할 경우에는 사전에 총회의 승인을 받아야 한다.

② 제37조 제3호, 제4호의 동산을 취득 · 처분 등을 할 경우에는 사전에 운영위원회의 승인을 받아야 한다.

제39조 [동산의 등록 등] ① 제37조 제1호, 제2호의 동산 중 등기 · 등록을 하여야 하는 동산은 마을회 명의로 등기 · 등록한다.

② 만일 제1항의 규정에 따른 동산을 마을회 명의로 등기 · 등록하지 못할

경우에는 회장의 명의로 등기·등록을 하고 그 취지를 문서로 작성하여 보관한다.

제40조 [동산의 현황 보고] 제37조 제1호, 제2호의 동산을 취득·처분 등을 할 경우 그 내용을 〈별지 제11호 서식 '동산현황보고'〉로 1개월 이내에 운영위원회에 보고하고, 정기총회에 보고한다.

제3절 현금 등 관리

제41조 [현금 관리] ① 현금은 수령하는 즉시 제30조에 따라 개설한 마을회 명의의 통장에 입금한다.

② 마을회 이외의 조직(부녀회, 노인회, 청년회 등)에서 관리하는 예금은 해당 조직이 자발적으로 결의한 경우에는 제1항과 같이 마을회 명의의 별도 예금통장을 개설하여 관리할 수 있다.

제42조 [유가증권 등의 관리] 마을회 운영 또는 마을 공동사업을 추진하기 위해 매입·취득한 유가증권, 채권 등은 마을회 명의로 발급받고 마을 소유의 금고 또는 은행에 보관한다.

제7장 문서 관리

제43조 [문서의 종류] ① 마을회에서 작성, 보관하는 기본 문서는 다음 각 호와 같다

1. 현금 출납부
2. 접수 문서부와 관련 문서
3. 발송 문서부와 관련 문서
4. 기타

② 마을회에서 소유, 관리하는 재산 문서는 다음 각 호와 같다.

1. 토지등기정보필(등기권리증)

2. 건물등기정보필(등기권리증)

3. 집합건물등기정보필(등기권리증)

4. 자동차등록증

5. 보험가입증권

6. 유가증권, 채권

7. 기타

③ 마을회에서 관리하는 인·허가증 등 중요 서류는 다음 각 호와 같다.

1. 고유번호증

2. 부동산등기용등록번호

3. 사업자등록증

4. 기타 인·허가증

5. 상장, 표창장

6. 계약서, 양해각서(M.O.U.), 협약서 등

7. 인수인계서

8. 부동산 설계도

9. 마을 관련 사진, 동영상, 전산 파일 등

④ 마을회에서 사용하는 서식은 다음 각 호와 같다.

1. 마을회원가입신청서(별지 제1호 서식)

2. 회원해임청구서(별지 제2호 서식)

3. 명예회원증(별지 제3호 서식)

4. 임원해임청구서(별지 제4호 서식)

5. 총회개최안내서(별지 제5호 서식)

6. 임시총회개최요청서(별지 제6호 서식)

7. 총회참석위임장(별지 제7호 서식)

8. 총회회의록(별지 제8호 서식)

9. 운영위원회회의록(별지 제9호 서식)

10. 부동산현황보고(별지 제10호 서식)

11. 동산현황보고(별지 제11호 서식)

12. 인수인계서(별지 제12호 서식)

13. 기타

제44조 [문서의 공개] 제43조 제1항부터 제4항까지의 문서는 회원의 열람·복사 요청이 있을 경우 언제라도 제공하여야 한다. 단, 회장이 마을의 공익을 해칠 우려가 있다고 판단할 경우 운영위원회의 결의에 따라 거부할 수 있다.

제45조 [보관 기간] ① 제43조 제1항부터 제4항까지의 문서는 매년 연 단위로 철하여 영구 보존하는 것을 원칙으로 한다.

② 마을에서 생산·수령한 문서는 마을의 역사적 기록물로서 장기간 보존하고 쉽게 찾아볼 수 있도록 원본을 철하여 보관한다.

③ 제2항의 문서가 파손이나 분실될 경우를 대비하여 복사본을 컴퓨터에 저장하거나 별도로 이동식 전산 장치에 보관한다.

④ 제2항의 문서를 폐기하거나 소각할 경우에는 총회의 의결을 받아 처리한다.

제46조 [인수인계] ① 회장이 변경될 경우 인수인계서에는 제43조 각항의 문서를 반드시 인수인계하고 필요할 경우 다른 서류도 인수인계한다.

② 인수인계는 〈별지 제12호 서식 '인수인계서'〉에 의해 처리한다.

제8장 부칙

제1조 [시행일] 이 규약은 총회의 승인을 받은 다음날부터 시행한다.

제2조 [경과 조치] 이 규약 시행일 이전에 주민등록을 하고 거주하는 주민은 제4조 제4호에서 정한 마을회원으로 인정한다.

[필자 소개]

구자인 충남마을만들기지원센터장. 구자인 센터장은 마을만들기 방법론으로 지역 문제를 해결할 수 있다는 생각에 '생태학, 환경정책, 농촌경제' 등을 공부하고 실천 현장을 돌아다녔다. 일본 유학을 거쳐 2004년 12월부터 진안군청 계약직 공무원으로 마을만들기와 귀농귀촌, 농촌관광, 6차산업 등의 정책을 10년간 주도했다. 2015년 3월부터 충남 광역의 농촌 마을 정책 수립과 시군의 민관 협치 시스템 구축을 6년째 지원하고 있다. gujain@hotmail.com

김진아 사회적협동조합 공동체세움 상임이사. 김진아 상임이사는 "공동체주의 정의론의 관점에서 본 마을만들기 사례 비교분석"을 주제로 서울시립대학교 도시행정학 박사학위를 받았다. 현장 연구자이자 활동가로 공동체 활성화를 위한 의미 있는 사례를 만들고자 활동하고 있다. kja7911@nate.com

노정기 다기능농업 경영법률연구소 소장. 노정기 소장은 대학에서 경영학을 전공하고 아모레퍼시픽그룹에 입사하여 27년 동안 근무했다. 오설록농장 녹차사업본부장을 역임하고 정년퇴직 후 2006년 3월에 진안군 마을간사로 농촌 마을과 인연을 맺었다. 2007년 8월에는 농림부 '원예작물브랜드 육성사업'에 계획서를 제출, 12월에 승인을 받아 200억 원의 지원자금으로 임실군에 고춧가루 가공공장을 세워 대표이사에 취임했다. 회사를 안정적인 기반에 올려 놓고 2017년 3월에 사임했다. 그 후 지금까지 경험을 농촌에 전수하는 일을 왕성하게 하고 있다. ckno50@hanmail.net

박동진 홍성군 도시재생지원센터 사무국장. 박동진 사무국장은 도시계획을 전공하고 서울에서 도시계획과 관련한 일을 10여 년 했다. 운명같이 또는 업보처럼 홍성으로 내려와 마을을 죽이는 계획에서 벗어나 마을을 살리는 일을 하기 위해 노력하고 있다. 홍성군 마을만들기지원센터를 거쳐 현재는 홍성군 도시재생지원센터에서 근무하고 있다. inmycube@naver.com

복권승 협동조합 품 대표. 복권승 대표는 1995년부터 고향인 충남 청양에 귀촌해 지역 운동가로 활동해 왔다. 최근 주민자치와 문화예술, 환경, 사회적경제 등 영역 간 협력으로 농촌을 활성화하는 데 관심이 많다. 사회적협동조합 공동체세움 이사로도 활동하고 있다. dilletante@hanmail.net

유재석 삼웅리친환경영농조합법인 대표. 유재석 대표는 충남 당진시 면천면 삼웅리 이장, 면천면 이장단협의회장, 당진시 귀농귀촌협의회장을 역임했다. 현재 면천면 주민자치위원, 면천농협 이사, 삼웅리친환경영농조합법인 대표로 활동 중이다. 또한 귀농귀촌 및 친환경농업 강사로 출강 중이다. baba520529@gmail.com

장윤수 충남마을만들기지원센터 연구원. 장윤수 연구원은 지역 언론사에서 기자로 근무하던 중 지역사회 및 농촌마을에 대한 관심을 갖게 되었고 충남마을만들기지원센터 연구원으로 근무했다. 언론 계열의 경험을 바탕으로 마을독본, 뉴스레터 등의 업무를 담당했고 지금은 예산군에서 홍보 업무를 담당하고 있다. yunsoo1130@naver.com

정남수 공주대학교 교수. 정남수 교수는 지속가능한 마을을 만들어 보고 싶어 대학원에 진학해 '농촌자원평가를 위한 정보계측'이란 주제로 박사학위를 받았다. 상품의 가치가 왜곡되는 현대 사회의 문제점을 지적하고 에너지, 물질, 생명, 문화의 통섭적 사고가 필요함을 역설했다. 현재 예산캠퍼스의 지역건설공학과에서 통섭적 사고, 농업농촌환경법, 정보공학, 지역모델링 및 지역계획, 환경시설설계 등을 강의하고 있다. 우리가 어떤 마을에 살아야 하는지에 대한 진지한 논의를 좋아한다. ruralplan@kongju.ac.kr

충남마을만들기지원센터

충남 광역의 농촌 마을정책을 지원하는 중간지원조직으로 2017년 7월부터 충남연구원 산하에 설치되어 운영되고 있습니다. '광역은 광역답게' 14개 시군 마을만들기지원센터를 지원하는 일에 집중하면서, 계간지《마을독본》발간과 월1회 시군 순회 대화마당 개최, 중간지원조직 상근자 심화교육 등 매년 5대 분야 15개 사업을 추진중입니다. 다섯 명이 근무하는 '작지만 강한 조직'을 지향하면서 '농촌 마을정책의 민관협치 시스템 구축' 모델을 전국적으로 발신하고 있습니다.

홈페이지 www.cnmaeul.net
네이버밴드 충남마을넷
이메일 cnmaeul@gmail.com

마을만들기 길라잡이 기본편

1판 1쇄 펴낸날 2021년 1월 10일

엮은이 충남연구원 충남마을만들기지원센터
펴낸이 장은성
만든이 김수진
인 쇄 대덕인쇄

출판등록일 2001.5.29(제10-2156호)
주소 (350-811) 충남 홍성군 홍동면 광금남로 658-7
전화 041-631-3914
전송 041-631-3924
전자우편 network7@naver.com
누리집 cafe.naver.com/gmulko

ISBN 979-11-88375-24-0 03300 값 15,000원